「その日暮らし」の人類学

もう一つの資本主義経済

小川さやか

光文社新書

東アフリカのLiving for Today

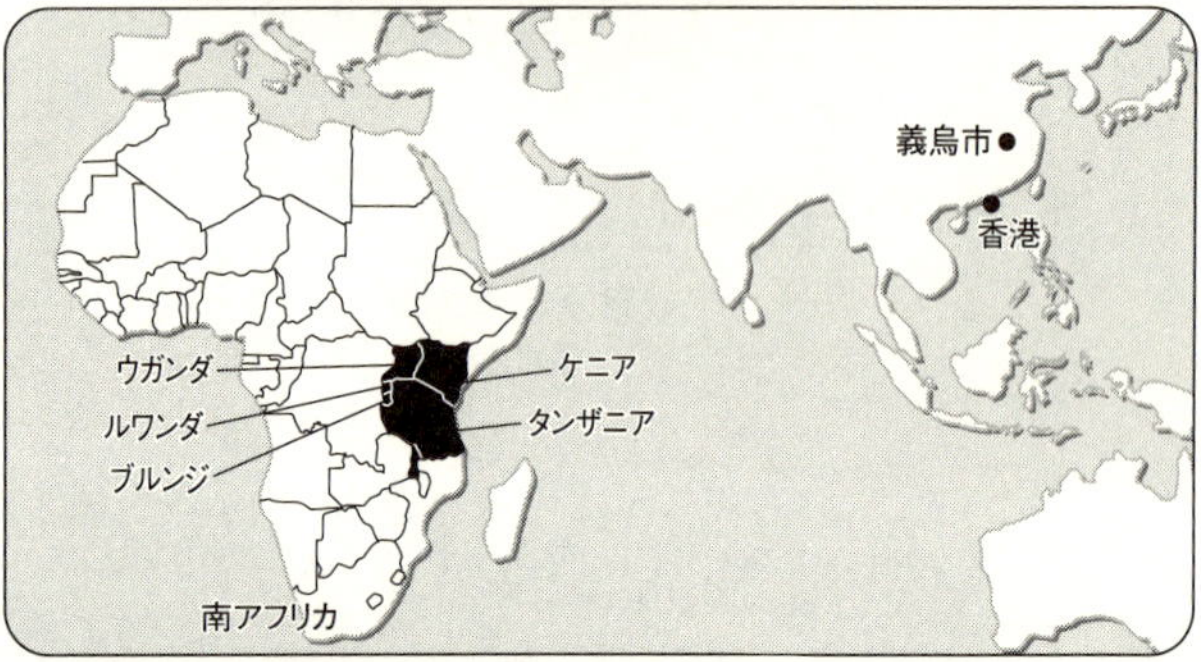

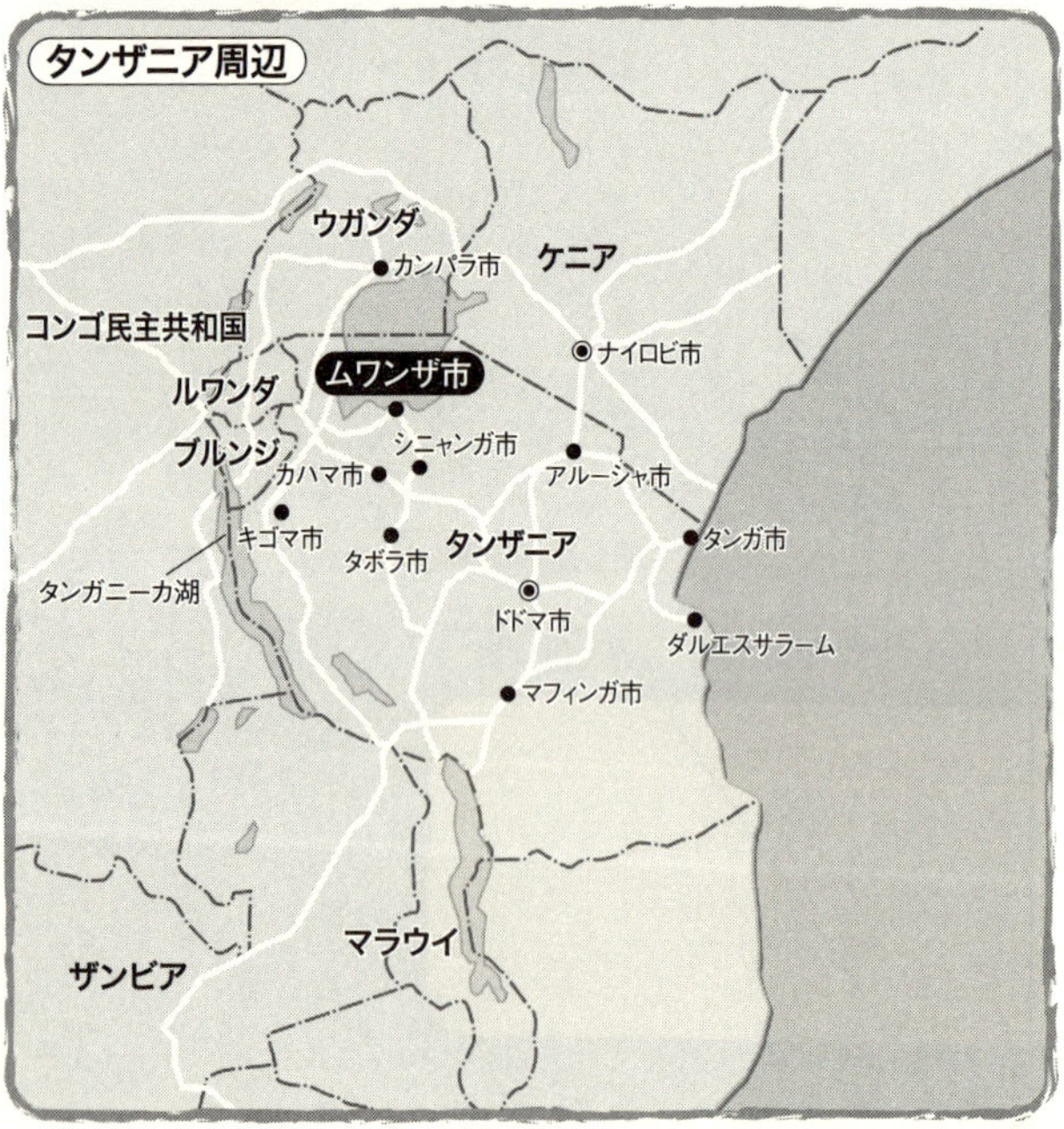

筆者がおもに調査をおこなった、タンザニアのムワンザ市。インフォーマルセクターに従事する人びとが多く住む長屋が建ち並ぶ（2010年2月）

長屋に暮らすムワンザ市の子どもたち（2011年3月）

ウガンダの首都、カンパラ市のマーケット（2011年8月）

中国のLiving for Today

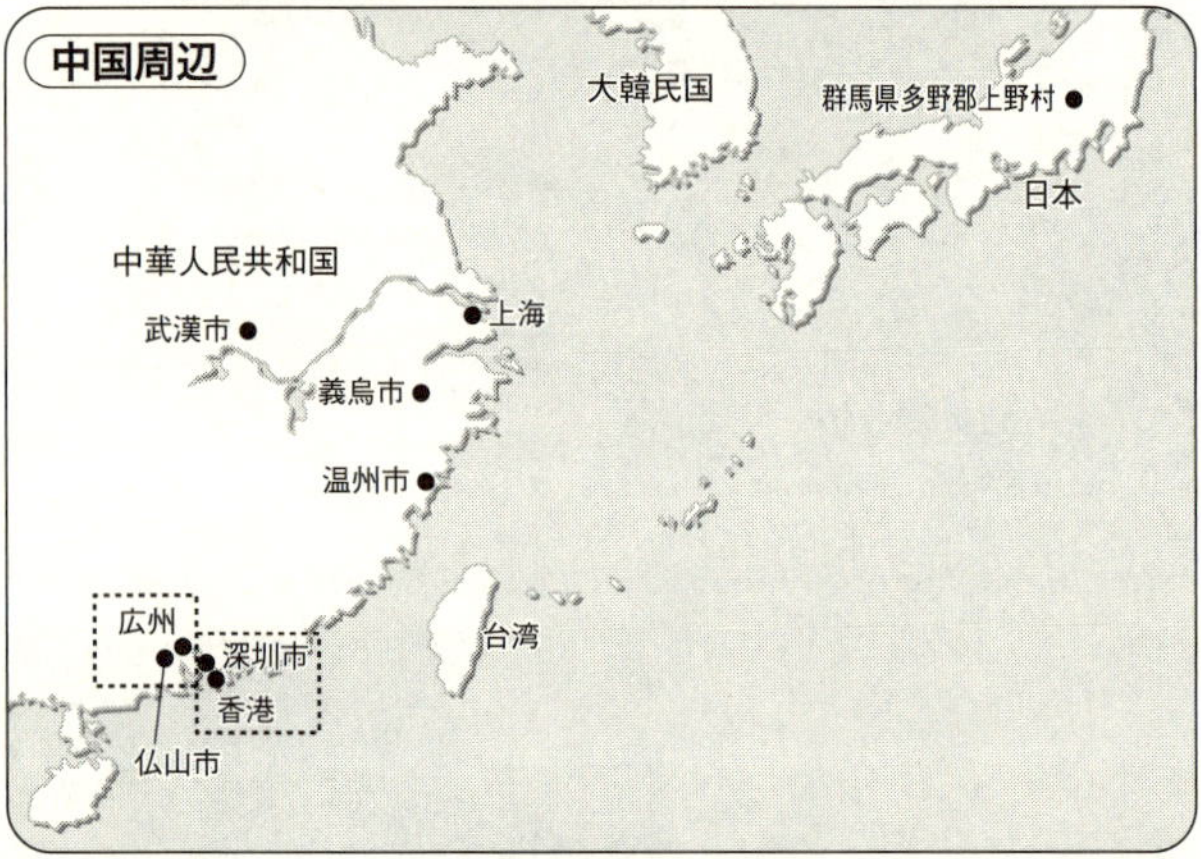

香港一の繁華街・尖沙咀は、昼夜を問わず人でにぎわう

広州市のアフリカ系床屋。アフリカ人のコミュニティが形成される小北路付近は「リトル・アフリカ」「チョコレート城」などと呼ばれる

チョンキン・マンションの玄関口。歩道からでも、1階部分に両替商や携帯ショップなどがずらりと並ぶのがうかがえる

本書は、『小説宝石』（光文社）にて二〇一五年一月号より
一二回にわたって連載したものに加筆・修正したものです。

はじめに

本書は、Living for Today——その日その日を生きる——人びととそこに在る社会のしくみを論じることを通じて、わたしたちの生き方と、わたしたちが在る社会を再考することを目的としている。といってもLiving for Todayは、なんら特別な生き方ではない。あらゆる人間はみな、その日その日を生きている。それを想起していないだけだ。想起することを先延ばしにしているのだ。わたしは明日死ぬかもしれないし、明日人生が一八〇度変わるような恋に落ちるかもしれない。明日のことは誰にもわからない。まして一年先、一〇年先の未来などわからない。何かの拍子に、その日その日を生きている、Living for Todayなわたしの実感が、生々しくわたしの身体をゾワゾワっとさせる。

日本で暮らす多くの人びとは、もう長い間、その日その日を紡《つむ》いでいるといった感覚とは無縁の生き方をしている。あるいは、明日どうなるかわからないといったゾワゾワを封じるために、社会全体でいまの延長線上に未来を計画的・合理的に配置し、未来のために現在を生きることがまるで義務であるかのように生きている。安心・安全が予想可能性と強く結びつき、よりわかりやすい未来を築こうと制度やシステムを高度化し、将来のために身を粉《こ》にして働く。これに反する生き方は基本的に、社会不適合で「ダメな」生き方だと考えられている。主流派社会では、操作可能性は人間を測る、評価するうえで重要な指標である。扱いづらい人間とは、操作困難な「使えない」人びとである。計画性、予測可能性を基盤とする社会にとって操作可能な人間とは、予測しやすい優秀なパーツである。

人間はみなLiving for Todayであることの忘却を可能にしてきた制度やシステム、言説に綻《ほころ》びが出てくると、強烈な不安を抱えるようになった。いまこの時代には、息苦しさや不安の象徴として「Living for Today」が蔓延《まんえん》している。東日本大震災とフクシマ原発事故、その後も引きつづき地震は多発し、震災も起きている。非正規雇用や若年不安定労働層の拡大は、社会不安の象徴になった。わたしたちの暮らしはLiving for Todayだったと想起しないといけなくなった。Living for Todayへの耐性が著しく低くなっていた日本の羅針盤は、不安定に激しく揺れている。行き先がわからない。絆という文字が日本中にあふれた。日本人の絆を強調し、横軸の確実性だけでも担保したい、人びとの願い。

安心・安全を志向する秩序から零《こぼ》れ落ちて否応なくLiving for Todayであることを見つめなおす必要に迫られた人びとは、「負け組」や、「希望」を失っている人間であると見なされる。これが秩序であり絆である。そういう人間を増やしてはならない。不確実であることが、「希望」がないことと同義で語られる。先がどうなるかわからないことは、新しい希望にあふれているとも言えるのに。

他方で、一〇年先や二〇年先の未来が見えてしまった、ああ自分はこのまま人生を終えるのかと不安になり、唐突に「いまを生きる」実感を得たいと切望し始める人も多く出現した。はたから見ると順調な、行きつく先が予想できてしまうような生活を続けることに希望を見出せない人がいる。しかし、いまの日本社会では、その日その日を生きることを正当化することは難しい。安定した仕事をやめ、好きなことを探そうとすると、「そんな生き方をしていて将来、社会に迷惑をかけるな」と非難される。「そんな生き方をしていて、わたしに迷惑をかけるな。わたしを不安にするな」と。

「その日暮らし」の人類学＊もくじ

章扉イラスト／宮川いずみ
地図製作／デザイン・プレイス　デマンド

プロローグ
Living for Today の人類学に向けて

＊勤労主義と怠け者主義のねじれ

二〇一三年に映画化された、青野春秋《あおのしゅんじゅう》の漫画『俺はまだ本気出してないだけ』（小学館、二〇〇七～二〇一二年）の主人公大黒シズオは、魅力的なオジサンかもしれない。四〇歳で脱サラして自分探しを始めたシズオは、美術の評価は最低であったし、能力と成功の根拠となるものはなかったが、ある日突然、漫画家になると宣言する。高校生の娘を抱えたシズオの決断に、父は「そうか、お前はバカなんだな」と涙を流す。編集者に関心を持たれたシズオは、雑誌への応募で努力賞を獲得し、デビューを目指すことになる。だが、その後、シズオは編集者にボツを連発され、花を咲かせることができない。

ふだんのシズオは、ハンバーガー屋で「店長」のあだ名で呼ばれつつアルバイトをしているものの、年老いた父親にパラサイトしながら、日常生活の大半をTシャツにパンツ一丁でゲームをしたり、近所の子どもに交じって草野球をしたりしながら過ごしている。主流派の父親像や労働観から逸脱したシズオの自由でコミカルな言動は笑いを誘うが、読者に不安感を抱《いだ》かせもする。

『働かない――「怠けもの」と呼ばれた人たち』（青土社、二〇〇六年）の著者トム・ルッツは、いつまでもカウチから起き上がってこない息子になぜ憤りを抱いてしまうのかを理解するため、一八世紀から現在までに英米に登場した怠け者たちの肖像・主張と、彼らに対する批判や怠け者表象をめぐる消費の歴史をたどり、わたしたちの労働観の両極に位置する勤労主義と怠け者（スラッカー）主義との奇妙にねじれた関係を解き明かした。

産業革命の幕開け期、サミュエル・ジョンソンは人間を「怠惰な動物」と規定し、怠けることは罪ではなく、自己修養や利益追求に邁進《まいしん》する人間こそ常軌を逸していると説いた。しかし彼は、英語辞典の編纂をしたり、『アイドラー』等の雑誌に三〇〇点以上におよぶエッセイを書いたりした多忙なアイドラー（怠け者）であった。一方、同時代に「時は金なり」と提唱し、現在の勤労主義の原型を創出したベンジャミン・フランクリンは、空気浴にいそしむ快楽主義者でもあった。かの有名なカール・マルクスの娘婿ポール・ラファルグは、『怠ける権利』を上梓し、「個人や社会のあらゆる悲惨さは、労働への情熱から生まれる」と結論づけた。

このような、怠け者を賛美しながら多忙な人びと、働き者を賛美しながら怠ける人びとを見ていると、多忙と怠け者は矛盾しないようだ。本性に従い自然に生きているかどうかが、重要なのであろうか。アイドラー、ラウンジャー、ボヘミアン、ソーンタラー、トランプ、フラヌール、ビートニク、バム、ヒッピー……多彩なスラッカーたちは、それぞれの時代の勤労主義者の労働哲学を反転させたり皮肉ることで、みずからの像を創出し多様な芸術作品を生み出した。面白いことに、各時代を象徴したそれらの怠け者像と作品を消費したのは、怠けることや楽しみを求める勤労主義者でもあったのだ。

怠け者精神と闘いながら分厚い労働文化史を読み終えて改めて気づくことは、わたしたちは身近な怠け者に憤りを感じつつも、怠け者に憧れているという単純な事実だ。この憧れの根本には、本性に従い自然に生きることへの憧憬があるのかもしれない。わたしたちは、勤労主義と怠け者主義の両極を揺れ動き、いずれの立場にたっても満たされない何かを抱え、両者のスペクタクルのなかで特定の労働観を築き上げてきた。

『働かない――「怠けもの」と呼ばれた人たち』訳者の小澤英実氏は「様々な物語に登場するスラッカーたちは、私たちに優越感や軽蔑や慰めや励ましといった感情を呼び起こしながら、トリックスターのように私たちを照射し、その生活を維持・破壊・肯定・自問させるという機能を果たす。筆者の主眼は、現在の社会状況や労働をめぐる深刻な考察とは異なり（中略）働くことと働かないことを読者に問い、私たちがそのどちらに向かうにしても、ユーモアとアイロニーで包んだ勇気や励ましを与えるものとなっている」（注1）と述べた後、フリーターから引きこもり、ワーキングプアへと主要な論点が変化した日本でも、実在・架空のスラッカー表象には流行《はや》り廃《すた》りがなく、本書を通じて彼らの生き方に思いを馳《は》せることも可能だと述べる。

だが、上述した漫画の大黒シズオには、『男はつらいよ』の寅さんなどとは違い、「自分には無理だけど、こんなふうに生きられたらいいな」という感慨に浸《ひた》ったり、勤労主義者が日常を生きなおすためのカタルシスを得ることのできない、ある種のリアルさがある。たしかにシズオは、子どものような自由な精神を持ち、みずからの置かれた状況を表現するポジテ

…それでは
これから決めたいと思います。
マンガは本気か？
趣味か？
…じゃあ若い順からいこうか？
15歳はどう思う？
(15)
ゴッ
ゴッ
終わった…
将来は絶望的だ………
………
(42)
20
(17)
…次17歳。
もっとカッコイイ夢を探したほうがいいと思うっス…
もう趣味でいーじゃん！
(32)
ズイ
(22)
あっ。
趣味で！

イブな言葉を持っている。だが、シズオは、結局のところ、自らの生き方を肯定してはいない。悩める日々には「どーすんの？　ヤバいよね？」などと話しかけるシュールな妄想のカミさまが現れて不安を煽《あお》ったり、夢に昔の自分が出てきて、このままの生き方を続けていいものか「自分会議」をしたりする。しかし、シズオは常に悩むことをある閾値《いきち》で停止し、目標を設定しながらも、その日その日を何となく過ごしている。シズオはそうでなければ苦しいから、ポジティブなのかもしれないといった不安定感を表出している。

この漫画のリアルさは部分的には、シズオをはじめとした登場人物の生き方が、娘や息子、父親など、家族との関係で描かれているからだろう。竹原弘氏が『寅さんの社会学』（ミネルヴァ書房、一九九九年）で述べるように、「渡世人」を気取り、任侠的なかっこよさを演じながらも、寅次郎は惚れた女性と所帯を持って、子どもをもうけるといった世間的な生活を育むことに憧れを持っていたようだ。だが、寅次郎は常に失恋するので、家族や世間のしがらみから距離を保ちつづける。

それに対して『俺はまだ本気出してないだけ』は、家族関係を一つの主題として描いている。シズオを最も穏やかに受け入れているようにみえる娘の鈴子が、物語の最後で告白するように、家族は、彼／彼女を自分とは異なる生き方をしている者として客体化することはできない。家族にとって、代替不可能な個人の生き方は、彼らと自らとの関係性の問題として受け止められる。家族は、子どもや配偶者、親である彼／彼女の生き方と主流派の労働観とを対照させて責任を感じもするし、彼／彼女の生き方と既存の父親像／夫像／娘像などから自らへの愛情を測ろうともする。そして、受け入れきれなかったり憎みきれなかったりしながら、彼／彼女の生き方にコミットし巻き込まれる。そのような家族の存在を回路として、スラッカーの体現する労働観は揺れ動くこととなる。

大黒シズオは、特定の時代の労働倫理・哲学をアイロニカルに体現させたスラッカー（または勤労主義者）ではなく、トム・ルッツが掘り起こそうとした、自らの主張やそれを体現した自己像といくらか矛盾をきたしつつ、家族や友人と共に生きていた彼らの日常生活それ自体を劇化したもののようにみえる。それゆえシズオの物語は、主流派の人びとにうけた。やっぱり、ああいうふうになってはならない、ああいうふうにならない自分の生き方は正しかったというカタルシスを得られるから。

＊未来のために現在を犠牲にする？

人類学者はしばしば、金銭的・物質的な側面では明らかにわたしたちの社会よりも貧しい社会に、わたしたちの社会とは異なる豊かさがあることに心を動かされる。この豊かさはそれぞれの社会に固有で多様なものであり、一言ではとうてい説明できないものなのだが、調査対象者たちの持つ時間的な豊かさに対する驚きや憧憬が語られることは珍しくない。

たとえば、『atプラス21』(太田出版、二〇一四年)のインタビューでも、環境運動家でもある人類学者の辻信一氏が、何でも「それは明日ね」と語るメキシコの人びとの例とわたしたちの社会とを比較して、率直かつ簡潔にこのような豊かさを語っている。

「一方で日本やアメリカのような社会では、逆に、明日のため、未来のために、いまを手段化したり、犠牲にしたり、ということを徹底的にやっている。いい学校、いい就職、いい老後のためには、いまを楽しんでいる暇などない、というわけです。ここでも大事なのは効率です。あるゴールに向かって、無駄を削ぎ落として、つまり、いまを犠牲にして効率性をあげることが進歩なんです。効率化を目的化した現代社会は加速し続けるしかない社会です。効率ってそもそも、おなじ時間内により多く生産したり、おなじものをより短い時間で生産するという生産機械のための概念だったのに、それを現代社会では、人間や自然界にそのまま当てはめてしまっている。そういう社会が必然的に生み出すのが、人間性と生態系の破壊です。スローというのは、それに対抗する概念で、平たく言えば、人間らしいペースとか自然本来のリズムを指す言葉です」（注2）。

辻が問題化する「未来のために現在を手段化したり、犠牲にする」生き方は、分野を問わずよく議論されているものである。時間に関する議論は本書において徐々に深めていきたいのだが、上記の辻の批判は、次のように語ることもできるだろう。

今ここの瞬間に生きることを主題化した古東哲明氏は、『瞬間を生きる哲学』（筑摩選書、二〇一一年）において、P・ヴィリリオの「速度」や「ドロモロジー」、G・バタイユの「前傾構造」などを紹介しながら、「今ここの現在を立て続けに簒奪し、つねに〈いつかどこか〉へとぼくたちを追いやる強制移住」（注3）について説明する。わたしたちは、近代的な時間の観念と資本主義経済システムとともに進展する、成果追求主義の世界やそれに寄与することを目的とする情報社会によって、〈今ここ〉の喜びを犠牲にし、〈いつかどこか〉という超越的な場所で時間を消費し生きるよう強制されている。わたしたちはつねに未来の豊かさや安心のために現在を貯蓄し、みずからの身体のある「現在」を生きていないというのだ。

しかし、わたしたちが当たり前に感じる直線的で均質的な時間は、多くの研究が指摘するように、特定の場所と時代において成立したもので、資本主義経済システムに組み込まれた主流派社会から逸脱したり、あるいはそれによって周縁化されている世界では、Living for

Today がむしろ一般的である。

わたしが長年調査してきたタンザニアの都市部でも、仕事にあぶれた人びとが路肩にたむろしながらおしゃべりしたり、できる限り面倒なことを先延ばしにしたりと、わたしたちが金銭的なゆとりを得るために犠牲にしている時間的なゆとりを感じることがある。しかし、ではなぜ人びとは効率性重視や成果追求主義とならずに暮らしているのか、いまを生きることはいかにして可能かと問うと、「そう生きたいから」といった個人の信条や願望と、「そう生きざるを得ないから」という状況的な制約あるいは社会的制度や道徳とのあいだに、幾層も複雑に入り組んだ価値と実践があるように思う。

何をもって幸福だと考えるかはきわめて難しい問いだが、「わたしたち」の生き方と比較した世界各地の Living for Today は実際には多様性を有しており、超自然的存在もふくむ多様な関係性、彼ら／彼女らがある文化的、社会的、経済的な「しくみ」、偶発的なものも含むいくつかの条件があって成立している。それを実践している人びとには、ほかのあらゆる人びとと同様に、喜びとともに苦悩もあるし、彼らも異なる労働観や社会観のあいだで揺れ動いている。

本書では、「Living for Today」――その日その日のために生きる――をめぐる価値や実践、人間関係、その連続として立ち現れる社会や経済のありようを明らかにすることを通じて、わたしたちの社会で支配的である未来優位、技術や知識の蓄積にもとづく生産主義的・発展主義的な人間観に問いを投げかけることを目指している。文化人類学はこの世界に存在する、わたしたちとは異なる生き方とそれを支える知恵やしくみ、人間関係を明らかにする学問である。わたしたちの社会や文化、経済それ自体を直接的に評価・批判するよりも、異なる論理・しかたで確かに動いている世界を開示することで、わたしたちの社会や文化を逆照射し、自問させるという少々回りくどい方法を採る学問ともいえる。実在／仮想のスラッカーたちと同様に、わたしたちの人間観や社会観をゆさぶり、新たな人間や社会の可能性を切り拓く契機を提供できれば幸いである。

＊インフォーマル経済、海賊行為とLiving for Today

本書のもう一つの狙いは、Living for Todayを前提として組み立てられた経済が、必ずしも現行の資本主義経済とは相いれないものではないことを示すことにある。わたしたちが忘却しようと苦悩している「その日暮らし」を、自然とともにある豊かさとして認めたり、オルタナティブな生き方として求める研究は、たいていの場合、資本主義経済、とくに新自由主義的な市場経済へのアンチテーゼを標榜する。限られた時間で生産性を高めるといった効率性の追求や、計画的な経営や経済行為を模索しなくて、経済が発展するわけがない、と彼らは考えているからだ。

しかし、こうした二項対立図式をよそに、Living for Today に立脚する経済は現在において拡大し、主流派の経済システムを脅かす、もう一つの資本主義経済として台頭している。そのような経済とは、これまで「インフォーマル経済」「地下経済」と呼ばれてきた領域である。インフォーマル経済の定義や概念としての有効性はさまざまに議論されてきたが、一般的にはこれらの経済活動は、政府の雇用統計に載らない、零細な自営業や日雇い労働を意味している(注4)。「インフォーマルセクター」は、当初、否応なく Living for Today を生きている人びととして理解されていた。この用語を広めた国際労働機関(ＩＬＯ)が、一九七二年のケニア雇用戦略調査報告書において、インフォーマルセクターに注目した理由は、過剰な都市化に起因する雇用や就業の問題は「失業」の増加ではなく、偽装失業層や不安定な就労貧困層——働いているけれど本当は失業している人びと、働いているけれど著しく不安定で貧しい人びと——の増加にあることに注意を喚起することにあった(注5)。

ところが、こうしたインフォーマル経済がいまや異なった視座から注目を浴びるようになった。二一世紀に入ると、中国とアフリカをはじめとした発展途上国間の交易が急速に活発化する。アフリカやアジア、ラテンアメリカなど世界各地から中国に押し寄せた商人の一群は、知的財産権に関する法や商法、入管法などに抵触しながら、コピー商品や模造品をふくむ中国製品を仕入れ、母国へと輸送している。これら中国を目指す商人のなかには一億円を転がす大商人もいるが、大半は数十万円から数百万円の資金しか持たない零細商人である。ただし個々の商人は零細でも、膨大な数の人びとが参入するこの経済の規模は大きい。路地裏経済学者を自称するジャーナリストのロバート・ニューワースによれば、この「見えない」経済圏は、世界中で一六億人もの人びとに仕事の機会を提供し、その経済規模は一八兆ドルにも上るという（注6）。

こうした状況を受けて、かつて偽装失業層の生存戦略として「取るに足らない」「あやしい経済」とみなされてきたインフォーマル経済は、現行の政治経済的な変容——中国の経済の自由化や規制緩和、リベラル・デモクラシーの成長、世界における貧困問題や格差の深刻化、情報技術やコミュニケーション技術の発展など——に伴って勢力を拡大し、いまや主流派経済にとって無視できない経済となった。

研究者たちは、国家経済を暗黙的に仮定し、各国の経済統計上のフォーマル経済の残余として設定された「インフォーマル経済」という用語では、グローバルに展開するこの交易のダイナミズムを十分に説明できないとして新しい用語を提案する。

たとえば、ゴードン・マシューズとグスタヴォ・リベイロ、カルロス・ヴェガが編集した論集は、このトランスナショナルな交易を「下からのグローバル化」や「非覇権的な世界システム」と呼び、先進諸国の企業や多国籍企業が先導する主流派のグローバル経済システムと対比しながら、この交易の勃興がいかなる新しい経済秩序を形成しつつあるかを論じている（注7）。論集の寄稿者たちに共通した視座は、次のようなものだ。

この経済の推進者は資本主義経済を嫌ってはおらず、ここにはラディカルな革命家も反グローバル運動家もいない。それどころか、国家や企業によるあらゆる規制を回避し、騙しや詐欺もふくめた自由な市場取引を好む彼らは、「より徹底的に新自由主義化」した経済秩序を形成しつつある。しかし、この経済はより人間的な新自由主義の論理で動いており、主流派の経済システムに抵抗するよりも、それが生み出している問題や不公正を解決する場となっている。たとえば、このトランスナショナルなインフォーマル交易の主力商品である廉価なコピー商品や模造品は、ブランド企業の知的財産権を脅かしているかもしれないが、他方で、それまで活躍の場がなかったアマチュアやオタクと呼ばれる人びとの創造力や社会ネットワークの力を解放する場ともなっており、またこれらの商品がなければ、グローバルな流行や技術にアクセスできなかった発展途上国の貧困層の物質的な豊かさを、部分的にではあれ実現している。そのため、この経済は、逆説的にも主流派経済に向けられるべき不満を自力で解消し、主流派経済を存続させる役割を担っているのだと。

トランスナショナルな草の根の交易をインフォーマル経済の範疇《はんちゅう》にふくめるのが適切かどうかはともあれ、下からのグローバル化の実態は、かつてより存在するインフォーマルセクターである。彼らの基本的な経済戦術と戦略は、一〇年先どころか一カ月先の未来も予想困難な零細商人たちの日々の生計戦略の一環として成り立っている。

本書では、このインフォーマルな交易が活性化しつつある原動力、世界各地のインフォーマル経済の住人たちの生きぬき戦術、生活の論理をLiving for Todayの視点から論じる。そこから、Living for Todayが紡ぎだす経済や社会のかたちが、新しい社会の可能性に開けていることがわかるであろう。

（注1）トム・ルッツ『働かない――「怠けもの」と呼ばれた人たち』（小澤英実、篠儀直子訳）青土

社、二〇〇六年、四八七頁。
（注2）『atプラス21』太田出版、二〇一四年、一二〇頁。
（注3）古東哲明『瞬間を生きる哲学』筑摩選書、二〇一一年、三二頁。
（注4）インフォーマルセクターの定義や概念規定については、統一的な見解はない。ＩＬＯの報告書では、（一）参入の容易さ、（二）国内資源の活用、（三）家族による所有、（四）小規模な操業、（五）労働集約的で即応的な技術、（六）公的な教育機関以外での技能習得、（七）規制のない競争的な市場といった特徴を持つやり方であると定義されている。しかし実際には、各国の雇用統計上の産業・職業分類に即してフォーマルセクターを定め、それ以外をＩＳとして扱っている場合が多い。またインフォーマルセクターとフォーマルセクターを対置させる定義は、両者の境界が曖昧なだけでなく、さまざまな点から批判された。たとえば、この定義は伝統部門対近代部門といった対比に容易に置き換えられ、前者から後者への発展を想定する近代化論に転化しやすい。しかし実際には、人びとは両部門を柔軟に行き来しており、フォーマルセクターの操業がインフォーマルセクターの安価な労働力やサービスに依存することで成立していることもある。またインフォーマルセクターは、グローバルな経済システムの発展に伴う周縁化によって生み出された「近代的な」現象でもある。たとえば、古着の行商人は、グローバルな古着市場と密接に関わっている。
（注5）International Labour Office (ILO). 1972. Employment, Incomes and Equality: A Strategy for Increasing Productive Employment in Kenya, Geneva.
なお「インフォーマル経済」という用語を初めて用いたのは、ガーナのフラフラ人のスラム経済の研究をしたキース・ハートである。
Hart, K. 1973. Informal Income Opportunities and Urban Employment in Ghana. The Journal of

Modern African Studies, 11 (1) , pp.69–89.

（注6）ロバート・ニューワース『「見えない」巨大経済圏』（伊藤真訳）東洋経済新報社、二〇一三年。

（注7）G. Mathews, G. L. Ribeiro and C. A. Vega. (eds.) Globalization from Below: The World's Other Economy. London and New York: Routledge.

第一章　究極のLiving for Todayを探して

わたしたちは、未来のことを考えることは当たり前だと思っている。将来にまったく思いを馳せることのない人間などいるのだろうか。また、わたしたちは、時間は直線的、単線的で均質的なものだとも思っている。わたしたちの経済の基本、限られた時間内でより多くを生産する、スキマ時間を有効活用するといった効率性は、そのような時間の感覚を前提としている。ただ実感としての時間は、同じではない。漫画や友人とのおしゃべりに夢中になっているときには時間はあっという間に過ぎていき、退屈な講義を聞いているときには時間は遅々として進まない。過去―現在―未来の区別も、一分一秒という時間の単位も、もともとはわたしたち人間が生活や社会、経済を動かしていくために便宜的に生み出した概念である。だが、わたしたちはいつの間にか便宜的に生み出された時間の概念に生活や社会、経済のリズムを合わせ、人間の生存を時間によって規定するようになった。そのような時間に規定されない暮らしとは、どのようなものだろうか。

本章では、アマゾンの狩猟採集民ピダハンの時間的世界と、タンザニアの農耕民の時間的世界について紹介し、Living for Today と時間との関係を考えたい。

＊直接体験の Living for Today

ダニエル・L・エヴェレットが『ピダハン――「言語本能」を超える文化と世界観』（みすず書房、二〇一二年）で描いた暮らしは、おそらく現存する人類社会において究極の Living for Today である。

エヴェレットは、一九七七年、アメリカの福音派教会から派遣された伝道師として、狩猟採集民ピダハンにキリスト教を布教するためにアマゾンの奥地に赴く。その後、彼は、ブラジルのサンパウロ州立カンピナス大学の大学院言語学コースに入学し、いずれ聖書をピダハン語に翻訳する心づもりで、言語学的調査のために再度アマゾンの奥地に入る。エヴェレットはそれから足かけ三〇年あまりもピダハンと生活を共にすることになるのだが、ピダハンとの暮らしはやがて彼に信仰を捨て、無神論者になることを決意させる。

『ピダハン―「言語本能」を超える文化と世界観』（みすず書房、2012 年）

同書が開示したピダハンの世界は、驚くべ

きものだ。アマゾンの先住民には豊かな物質文化があることが報告されているが、ピダハンは芸術作品どころか、道具類もほとんどつくらない。物を加工することがあっても、長くもたせる手間はかけない。肉の塩漬けや燻製《くんせい》といった保存食もつくらず、食べられるときには食べつくし、ときには何日も食べない。彼らは英語版の著書のタイトルである「寝るな、ヘビがいる」の言葉どおり熟睡しない代わりに、いつでもどこでも転寝《うたたね》をする。人類学者が好んで調査してきた、儀礼らしき行為も存在しない。葬式や結婚式、通過儀礼もない。創世神話も口頭伝承もない。曽祖父母やいとこの概念も存在しない。それどころか彼らの言語には、ありがとうやこんにちはなどの「交感的言語」も、右左の概念も、数の概念も色の名前もないのである。

当初、エヴェレットは、このようなピダハンの文化を残念に思ったらしい。だが、彼の言語学的調査は、このような「動物的」にすらみえる彼らの文化を理解する、一つの重要な切り口を導き出す。それが、直接体験の原則である。

「叙述的ピダハン言語の発話には、発話の時点に直結し、発話者自身、ないし発話者と同時期に生存してきた第三者によって直に体験された事柄に関する断言のみが含まれる」(注1)。

ピダハンの言語には、過去や未来を示す時制がきわめて限定的にしか存在しない。さらに、彼らが「リカージョン」（再帰性：文のある構成要素を同種の構成要素に入れ込む力）を持たないことは、ノーム・チョムスキー以来の言語学を根底から揺るがす大論争を引き起こした。わたしたちは、「わたしは、「友だちが『あの店のラーメンはおいしかった』とみんなが言っていた」と話すのを聞いた」といったかたちで、一つの構文のなかに何重にも「　」を入れ込んで、「あの店のラーメンがおいしかった」とする内容を拡張していくことができる。チョムスキーの生成文法では、この再帰性を特徴づける文法能力をあらゆる人間に備わっている普遍的な能力だとしてきたが、ピダハン語にはこの入れ子状の文がなかったのだ。

直接体験の原則は、ピダハンがなぜその場限りの道具しかつくらなかったり、食料を保存しなかったり、創世神話や口頭伝承がなかったり、血縁関係に曽祖父母が含まれないのかをうまく説明した。つまりピダハンは、実際に見たり体験したりしたことのない事柄——わたしたちが「過去」や「未来」と位置づける事象や伝説・空想の世界——に言及しないし、そもそも関心を示さないのだ。また、価値や情報を行動や言葉を通じて「生のかたち」で伝えようとするピダハンは、価値を、数や色の名前のような抽象的、記号的なもの、普遍化のための概念に置き換えることをしない。たとえば、ある場面では、右は「川の水が流れてくる場所」で、左は「水が流れていく場所」かもしれないし、「大きな木がある方向」と「小さな木がある方向」かもしれない。新芽から濃く色づいた葉っぱをある時点で「緑」と呼ぶのは、「緑」という概念が先にあるからであり、そのような概念がなければ、「色が変化していく葉っぱ」でしかないのである。

それゆえエヴェレットは、キリスト教の布教に成功しなかった。キリスト教の聖書もコーランもヴェーダも、直接体験の原則に貫かれたピダハンの信念を少しも揺るがせることができない。それはまた、外部の民族や社会との接触がなかったわけではないピダハンが、なぜ現在まで独自の世界を維持してきたのかも——すべてではないにしろ——説明する。

過去や未来を語らないことは、過去や未来、抽象的な概念を持たないこととイコールではないが、ピダハンのほとんどの関心が「現在」に向けられており、それゆえ彼らが「現在」をあるがままに生きていることは興味ぶかい。彼らは直接体験したことのない他の文化に興味がなく、自分たちの文化と生き方こそが最高だと思っており、それ以外の価値観と同化することに関心がない。彼らはよく笑う、自身に降りかかった不幸を笑う、過酷な運命をたんたんと受け入れる。未来に思い悩むわたしたちに比べて、何やら自信と余裕がある。彼らは他人に貸しをつくらないし、他人に負い目を感じることもない。彼らにとって一日一日を生き抜くために必要なのは、直接体験に基づく自身の「力」だけである。

ピダハンはやや極端な例ではあるが、彼らの文化の主な特徴――乏《とぼ》しい物質文化、その場で消費しつくす傾向性、貯蓄や技術的な発展に対する無関心など――は、世界各地の狩猟採集民の民族誌を紐解《ひもと》けば、それほど珍しいものでもない。現在を生きることは、富の蓄積や財の扱いに対する特有の態度とも深く関係している。そして、こうした態度は、研究者により、ヒトの進化と平等主義をめぐる問いと深く関連づけられて検討されてきた。

人類学の古典的名著である『石器時代の経済学』（法政大学出版局、一九八四年）においてマーシャル・サーリンズは、「狩猟採集民は食糧の獲得に必死で、飢えに苦しんでいる」といった伝統的な「未開」社会理解を打ち崩した。彼は、さまざまな資料から、狩猟採集民は絶え間ない労働どころか、農耕民や現代人と比しても労働時間は短く、余暇を楽しみ、欲求の充足された「始原のあふれる社会」に生きていることを提示したのである。サーリンズは、物質的に豊かなはずの世界こそ、ごく一部の人間が富を独占し、多くの人びとが飢えており、文化の進歩につれて相対的にも絶対的にも飢えの量が増大してきた、という逆説を主眼として、次のような結論を導き出す。

「狩猟＝採集民の生活は、その情況にせまられて、やむなく客観的に低い生活水準にとどまっている。しかし、それが彼らの目標なのであり、しかも適切な生産手段もあたえられているので、すべての人々の物質的欲求は、ふつうたやすく充足されている」（注2）。

狩猟採集という経済実践のほんとうの障害は、労働生産性、すなわち「働かない」ことではなく、必ず直面する収穫逓減《ていげん》であり、それゆえ移動が暮らしに埋め込まれていることにある。移動を常とする狩猟採集民にとって物質的「富」は、文字通り重荷でしかない。しかしもっとも未開な人びとは、ものを持たないゆえに貧困ではなく、ものを持たないからこそ貧困ではなかったのだとサーリンズは指摘した。貧困が財の多寡ではなく、一つの社会的ステイタスを意味すると仮定した場合、そもそも「物質的重圧から比較的自由」で「なんの占有欲」もなく「所有意識が未発達」な「非経済人」の彼らのあいだには、貧困は発生しないと。

その後、数多くの人類学者が所有の問題を再考した結果、狩猟採集民は所有意識を持たないのではなく、個人の狩りの技量や捕獲量の差により不平等が発生し、特定個人が威信を持たないようにする実践をおこなっていることが明らかにされていく。ここで重要なことは、未来や過去を前提とした生産主義的な生き方は普遍的なものではなく、またそのような生き方は当事者たちにとって必ずしも「不幸」で「貧しい」ものではないということである。

＊最小限の努力で生きる農耕民の世界

わたしが Living for Today なるものに学術的な関心を抱いたきっかけは、二〇一三年一二月に故人となった京都大学名誉教授の掛谷誠先生の講義だった。掛谷は、一九七〇年代初頭にタンザニアの焼畑農耕民トングウェ人の生計経済を調査し、彼らの生計維持のしくみを、「最少生計努力」と「食物の平均化」の二つの傾向性を切り口にして論じた（注3）。四〇年以上も前の論文だが、いろいろな意味でわたしの心に強く残ったものなので、少し詳しく紹介したい。

トングウェ人は、タンガニーカ湖の東岸部から東へと広がる乾燥疎開林に暮らす農耕民である。掛谷が調査に入った一九七〇年代当時は、いまだ現金経済はあまり浸透しておらず、トングウェ人は焼畑農耕、狩猟、漁撈《ぎょろう》、蜂蜜採集など自然に大きく依存した生業によって、基本的に自給自足の生活を送っていた。掛谷はトングウェ人の生業を綿密に調査し、彼らが年間の推定消費量ぎりぎりしか主食作物を生産していないことを明らかにする。さらにトングウェ人は、森林と森林後退後の二次性草原だけを開墾し、広大な熱帯降雨林やサバンナを農耕の対象とはしていないことや、どのような食べ物が好きかにかかわらず、いちばん手近で簡単に入手できる食糧資源に強く依存する傾向があることも明らかにする。

「トングウェ人は、できるだけ少ない努力で暮らしを成り立たせようとしている」という掛谷の発見は、当時のわたしには衝撃だった。物心がついた頃から「努力」とは最大限にするものであり、努力に「最少の」がつくのは、なんだか語義矛盾に思えたのだ。

最少生計努力の原則は、トングウェ人たちに自然の改変を最小限にとどめ、原野の自然と共存しながら暮らすことを可能にしていた。挨拶に長い時間をかけ、近隣の村々をぶらぶら訪ね歩くことを楽しみとしている人びとの暮らしは、どれだけ多くを生産できるかを競い合いながら、日々の生活に追い詰められているわたしたちの資本主義社会とはまったく異なる世界に思えたものだ。

しかし講義を聞くうちに、長閑《のどか》な農村はおどろおどろしい世界に一変する。掛谷は最少生計努力を、自然とともにのんびりと暮らす生き方としてではなく、社会を生きるうえで誰しもが抱くだろう人間の基本的な感情——嫉妬やうらみ——と、それに起因する呪いに光をあてて説明したのだ。

掛谷がまず示したことは、トングウェ人は、集落の住民が食べられるだけの食糧しか生産しないにもかかわらず、集落を訪れる客人をもてなすために、生産した食糧の四〇％近くも分け与えていることである。この客の接待に要した食物量は、自分たちもほかの集落に旅に出かけ、もてなしを受けるため、通常は帳消しになる。しかし客人がいつ何時、何人くらい訪れるかはあらかじめ計算できないし、ふつう計算しないものである。

そのため、生産量と消費量の危うい均衡が崩れ、しばしば食物が欠乏してしまう事態にも陥る。そのような事態に見舞われた集落の人びとは、近隣の貯《たくわ》えのある集落に行き、食物を乞う。そして貯えを分け与えた集落も、あとになって、ほかの集落に食べ物を乞いに行かねばならなくなるという連鎖が生じる。「食物の平均化」とは、このようなしくみで集落間の生産量の不均衡が縮小していく事態を示したものだ。

＊分け与えることの道徳？

ところで、この最少生計努力と食物の平均化の二つの傾向性は、超自然的な世界と関係を持っている。「分け与える」に反する行為は、人びとの妬《ねた》みやうらみの対象となり、ときには分け与えない者に対する呪術を発動させる。この妬みや呪術に対する「畏《おそ》れ」ゆえに、人びとは食物を分け与える、と掛谷は指摘した。掛谷は、住民の間で好まれている特殊な野菜を誰も積極的に栽培しようとしない理由として、「一軒だけで栽培しようとすると、結局はほかの人びとに乞われて、ほとんど全部持っていかれてしまい、何のために栽培したのかわからなくなるからだ」という村人の語りを紹介している。

同じように、もし人びとに気前よく分け与えることが慣例であり、分け与えることを拒否する方途がほとんどなければ、ほかの人びとよりも多くの努力を費やしてたくさんの食物を生産した人間は、少なくとも短期的、経済的意味では損をするだろうと、わたしたちは考える。なぜなら、余剰に生産した食物は自分のものにはならず、自分より働かなかった誰かのものになるからだ。あからさまなフリーライダーを決めこむのは難しくても、合理的経済人ならば、ほかの人びとと同じだけしか働かないだろう。そして村人全員が、ほかの人びとと比べて損をしないよう「いかに努力をしないか」を競っていけば、結果として最小限の努力でギリギリの生計を維持しようとする社会になる。

このような事態は、しばしばわたしたちの仕事場でも起きる。たとえば、仕事をしない同僚に、なぜわたしばかり働いているのかと不満を抱く。ほかの人より多く働いても給料に違いが出るわけではなく、早く仕事を終わらせても新しい仕事が降ってくるだけのこと。出世の道が開けているわけでもない。それどころか仕事をさっさと片付けていると、同僚から「あなたのせいでわたしたちがサボっているようにみえるじゃないか」などと恨まれる。ならば、同僚と同じようになるべく仕事をしないで、その時間を自分の好きなことに使ったほうがいい、と考える人はいるかもしれない。

現在の資本主義経済で企業が生き残っていくためには、最少努力が全面化したワーク環境は不健全だとされるだろう。それは端的に「停滞」に結びつけて語られる。実際にアフリカ農村における「分け与える」をめぐる規範と呪術を伴う妬みの機能は、その後に「アフリカ的な停滞」と深く関わる人びとの精神世界や行動様式、社会関係を明らかにする研究へとつながっていく。一九八〇年代にゴラン・ハイデンは、植民地期から社会主義期に至る農村変容を明らかにするなかで、最低限の生存維持を最優先した小農型の生産様式と、血縁や地縁などを基盤とする互酬的な交換に着目し、再分配を通じた相互扶助システムを「情の経済」と名づけた（注4）。そして、この情の経済こそが、アフリカ諸国の発展を阻《はば》む要因となっていることを論じた。

情の経済論はその後、一部のアフリカ研究者に、分かち合いをめぐる利他的な道徳的傾向性として再解釈された。掛谷自身も、その後にアフリカ的な地域発展を模索する研究へと向かい、平準化は、社会全体の発展を「押しとどめる」動きばかりではなく、条件さえ整えば、変わり者が始めた新規の農法を一気に広めるなど、社会全体を「押し上げる」動きともなり、内発的な発展を促進する動力ともなることを論じている（注5）。

経済や社会の発展との関係は、もう少し後の章でもふたたび取り上げたいが、わたしは正直なところ、上記のような解釈、世界観に魅力を感じることができなかった。掛谷らの世代にとってのオルタナティブな世界と、わたしの世代にとってのそれとの距離感もあったのだろうが、わたしには嫉妬や呪いにより平準化されていく社会は、たとえ共同体のすべての人びとの生存が保障されようと、自然との共存が可能であろうと、時間的ゆとりがあろうと、生きづらい社会に思えた。みなが同じであるよう競争が抑圧される社会は楽しいものに思えなかったし、少なくとも食べ物や富を与える――乞うといった関係は、負い目を伴うなど面倒なものに感じられた。ただ一方で、掛谷が楽しそうに語る、たくましく生きる彼らの社会における嫉妬やうらみは、現代人が考える損得や「富」に起因するものではないのではないかとも考えていた。

わたしは指導教員が勧める農村社会での調査はせず、グローバル資本主義経済の末端で、市場経済の論理にがっちり組み込まれて商売をする都市の零細商人を研究した。都市研究を志したわたしは、当時の大学院の風土からすると異端だったが、互酬的な関係性や分かち合いの論理は、零細商人の世界でもかたちを変えて存在していた。そして、市場経済が深く浸透した現代都市の商世界で暮らしてみて、いま一度、最少生計努力や平準化について別の解釈を試みたくなった。

その前に、やや唐突であるが、円環的な時間について、哲学者の内山節氏の『時間についての十二章』（岩波書店、二〇一一年）を取り上げたい。本書は、一九九〇年代の日本の農村、群馬県多野《たの》郡上野村《うえのむら》を一つの舞台として書かれた時間論である。内山は、人間の存在自体が時間的な存在であると述べ、自然や他者との関係的時間が実態的時間に変容する過程のなかに、近代の成立をみる。

内山によれば、近代化とは、時間を等速的で不可逆なものとして客体化し、時間が価値の基準となる、時間の合理性が成立する過程である。たとえば、工場や会社での賃労働は、時間によって労働力を売るだけでなく、時間そのものが労働者の売るべきものとなった、すなわち人間が自然や他者との関係のなかで主体的に「多様な時間」を創るのではなく、等速的な時間に人間の行為や関係が管理・支配されるようになった世界の産物だ。余暇も「時計の時間」の一つの使い方に過ぎないから、わたしたちは依然として時間によって動かされている。内山は、こうした時間からの主体性の剥奪《はくだつ》こそがわたしたちの生きづらさを生み出しているとし、時間を客観的秩序から関係的存在へと再び戻すことで、ふたたび人間を時間から解放することを説く。

彼がフィールドにしている上野村において時間は、ときに荒々しく、ときに漂うように流れている。村人たちの畑仕事には濃密な時間とまるで惚《ほう》けたような時間がある。ここには、賃労働を支配するような「時計の時間」ではなく、揺らぎゆく時間が成立しているという。また人びとは、不可逆的な縦軸の時間とともに、一年前と同じ春や秋がふたたび回帰し、去年と同じ春の畑仕事や秋の収穫を繰り返す円環的な横軸の時間を生きている。今年も実りの秋を迎えたという喜びは、村人たちみなのものでもある。自家消費用の畑の作物は、自分が必要としている量の二倍つくるのが農家の自然の慣習で、余った分は知人に配ったり、不作の家があったときはそこへ回したりするのが普通だという。内山はこれを、農民の「アソビ」であると指摘する。だが、みなで実りを分かち合う暮らしの豊かさは、作物が商品として出荷された瞬間に消え去り、数カ月かけて育てた作物の対価としてはあまりにも少ない貨幣へと還元されてしまう。だから、上野村の人びとは必ずしもすべての作物を商品として出荷しないし、仕事を時間あたりの労働投下で換算しうる「稼ぎ」とは異なるものとしているのだという。

＊Living for Today とアソビ

タンザニアの焼畑農村は、四季折々で変化をみせる日本の「里山」とはずいぶん自然のリズムが異なるが、「○○さんはお変わりありませんか」という挨拶が、対面する相手自身から始まり、家族、友人、隣人、健康、仕事に至るまで長々と確認されていく世界は、刻々と変化する縦軸の時間よりも、横軸の時間のほうが優先しているようにみえる。少なくとも商品経済が現在より浸透していなかった一九七〇年代には、時計の時間で農業を営み、時間あたりの労働力の投入量にふさわしい収穫や富を得るといった感覚は希薄だっただろう。

だが、タンザニアの農村のアソビは、上野村の人びとのように「収穫はともに実りの時期を迎えたみなのものだ」「余剰分は不作の農家に回す」を前提に成り立ってはいないようだ。それならば、「最少努力」で臨まずに、上野村の人びとと同じように自家消費量の二倍の作物をつくればいいように思う。むしろアフリカ農村のアソビは、不作の年もあるし、みなが同じように生産できず、食べられない人びとが生まれることを知りつつも、何らかの共同体的な関係を前提としてどれくらい生産するかをあらかじめ計画しない点、すなわち「どうかなったら、そのときに対処する」という Living for Today の生き方から出発しているのではないだろうか。そう考えると、嫉妬やうらみによる平準化の圧力は抑圧ではなく、自然や社会との関係的に存在する時間を操る生き方の技法として解釈を展開できる。

わたしは、農村から貧しい出稼ぎ民が流れてくるタンザニアの都市居住区に住んでいた頃、昼どきよりもずっと早い時間に来た客人を延々と引き止め、「ご飯を食べていけ。食べていくまで帰さない」などと説得する場面に頻繁に出くわした。路肩でご飯を食べている見知らぬ人から、突然「一緒に食べよう」と食べかけの皿を差し出されたことも何度もある。

ただ、家族ですら食べるのがやっとな家計に余裕などないので、じっさいに客が何人も頻繁に来れば、自分たちの食べるものがなくなる。また、いつも客人をもてなすのが好きなわけでもないようで、米や肉など高価な食べ物はビニール袋を二重にしてばれないように買ってくるし、近所の人に目撃されると、いかにお値打ちだったかを説明して、ねだられたり嫉妬されたりしないように気を配っていた。

つまり彼らは、来てしまった客や、ご飯を食べているのを見られてしまった人を、そのときに食べているものを分け与えることでもてなす、あるいは嫉妬をかわすのであり、それはホスピタリティであり、社会関係をやりくりする技法でもある。分け与えることはあらかじめ予想した出来事というより、降りかかってきた定めである。そして、そのような偶然や出会いに対処することが、ときには楽しみになっている。来るかどうかわからない客である限りは、余剰を準備したり思い悩んでも仕方がないし、起きてしまったことは何とか対処しなくてはならない。さらにその結果、わが身が困った事態におかれても、何らかの用事をひねり出して誰かの家を訪問したり、さりげなく誰かに分けてもらうことができる。

ふだんは「何とかなるはずだ」という信念にみずからの生存を懸け、過度に自然や社会関係を改変せず、未来に思い悩まず「自然」のリズムでまったり暮らしながらも、いざというときは、呪術や超自然的な事象との関係も駆使して切り抜ける。そのように解釈すると、彼らはたゆまぬ時間の流れのなかに緩急を生み出しながら、なかなかスリリングに生きている、時間をあやつる達人のようにもみえるのだ。

本章では、Living for Todayと時間との関係を狩猟採集民と農耕民の事例から検討した。実際には、世界各地の狩猟採集民や農耕民の世界は極めて多様である。具体的には民族誌を紐解いていただきたいが、わたしたちの均質的で直線的な時間認識一つを括弧に入れてみると、わたしたちが思い悩んでいる問題――貧しさや能力、効率性、他者に対する妬みの感情――には別の解決の方法が開けているように感じる。ただ、Living for Todayには特有の身構えや身のこなしが必要となる。次章では、わたしたちの生活により近い、タンザニアの都市世界に舞台を移して、Living for Today 特有の知恵や工夫、身構えについて考えてみたい。

(注1) ダニエル・L・エヴェレット『ピダハン——「言語本能」を超える文化と世界観』(屋代通子訳) みすず書房、二〇一二年、一八七—一八八頁。
(注2) マーシャル・サーリンズ『石器時代の経済学』(山内昶訳) 法政大学出版局、一九八四年、五二頁。
(注3) 掛谷誠「トングウェ族の生計維持機構——生活環境・生業・食生活」『季刊人類学』5 (3)、一九七四年、三—九〇頁。
(注4) Hyden, G. 1983. No Shortcuts to Progress: African Development Management in Perspective. London: Heinemann.
(注5) 掛谷誠・伊谷樹一編著『アフリカ地域研究と農村開発』京都大学学術出版会、二〇一一年。

第二章

「仕事は仕事」の都市世界
――インフォーマル経済のダイナミズム

わたしは、タンザニア北西部のビクトリア湖岸の都市ムワンザで、二〇〇一年から現在まで足かけ一五年、零細商人の商慣行や商実践、社会関係について調査をしている。わたしが調査対象としてきた零細商人は、マチンガと呼ばれる。マチンガとは、英語の「marching（行進する）」と「guy（男性）」を合わせた造語で、もともとは行商人を指していた。ただし、行商人も歩き疲れれば路上に物を並べるし、露店商も待てども客が来ないとわかれば荷物を担《かつ》いで歩き始めるから、実際には、業態で「行商人」とそれ以外の零細商人を区分するのは難しい。そのため、零細商人の大半はマチンガと総称されている。

日本では、終身雇用や年功序列賃金制度が期待できなくなっても、仕事をやめないことを美徳とするのが主流である。このような価値観は、景気が悪化し、非正規雇用やワーキングプアなどの格差問題が顕在化した現在、ますます強まっているようにも感じる。しかし世界的にみると、農業や漁業をのぞいて、一つの仕事を老いるまで続ける人のほうが圧倒的なマイノリティである。

タンザニアの都市部では、路上商売や零細製造業、日雇い労働などの職種を渡り歩く人びとこそが、社会経済の主流派である。二〇〇六年の『労働力調査』の結果によると、都市人口の六六％が、主要な現金稼得源としてインフォーマルセクターの仕事に従事していると回答した（注1）。残りの三四％には、農業や家事労働に従事する人びとが含まれるため、公務員やサラリーマンとして定職に就く人びとがいかに少数派であるかは明らかだ。タンザニアの都市社会では零細商人や日雇い労働をしていること、仕事を頻繁に替えていくことについて、肯定的であろうと否定的であろうと、特異な生き方として話題に上ることはめったにない。

たとえば、タンザニアの都市住民は、「仕事は仕事」という言い回しをよく使う。この言い回しは、苦しい生活状況や就業機会の獲得の困難さに照らして、「仕事を選《よ》り好みしている場合ではない」という意味で使われる場合が多い。ただし、わたしはしばしばこの表現に違和感を覚えてきた。というのもこの言い回しは、条件の良い仕事への転職を喜んでいるときにも、仕事が楽しくてしかたないときにも使われるからだ。わたしたちが「いかなる仕事でも」と表現する際にはたいてい、仕事を序列化する何らかの価値の指標（報酬の多寡や社会的評価の高低、社会保障の有無など）を言外に含んでいる。そのうえで別の価値（生きがい、家族の扶養、ご縁など）を持ち出し、就業や仕事への取り組みを意義づけし直すこともある。

タンザニアの都市住民にも仕事を序列化する指標はあるし、それらはわたしたちのものとそれほど大きく異なっているわけではない。しかし「仕事は仕事」と語るタンザニアの都市住民は、生きぬくために必死で仕事を序列化する指標に構っていられないのではなく、それに拘泥《こうでい》しないで生きていることに特有の価値を見出しているようだ。それを説明するためにまず、長年、わたしの調査助手を務めているブクワとその妻ハディジャが語った、ここ数年の仕事のアイデアを事例に、「仕事は仕事」の暮らしについて説明したい。

＊仕事さがしの日々

ブクワ（二〇一六年現在、三九歳）は、二〇〇七年のある日、故郷イリンガ州の紅茶工場で機械工をしている従兄《いとこ》から、三〇万シリング（約一万四〇〇〇円）もの資金をプレゼントされた。若い頃にバスの呼び込み業をしていたブクワは、運転手の仕事に憧れ、この資金で運転免許を取得した。ただ、その後に彼が雇われ運転手の仕事を探したり、車を購入する資金を貯めたりといった姿をわたしは見たことがなかった。彼の妻ハディジャは、この運転免許が箪笥《たんす》に眠る「ただの紙屑《かみくず》」となっていると、よく嘆いていた。

二〇〇九年九月に、ブクワは、わたしが調査助手の謝金にいくらかのポケットマネーを足

ブクワの妻、ハディジャ

ブクワ（右）と古着露天商のスム（左、78ページ参照）

して援助した資金で、中古パソコンを購入した。彼はわたしが調査に行くたびに、パソコンの使い方を教えてくれと言い、インターネットやワードからフォトショップまで何でも学びたがった。彼は中古パソコンを自慢げにみせながら、ウェブサイト上の音楽や画像をダウンロードするサービスを提供する仕事をしたいと熱く語っていた。しかし、やはりオフィス開設のための費用を貯めたりすることはしないまま、しばらくして中古パソコンは壊れてしまった。

同じ年、わたしは、仕立て業をしていた彼の妻ハディジャにも、少額の資金を援助した。彼女は、「夫よりも自分のほうが商売に向いているから、わたしに投資したほうが近道よ」と断言した。当時、彼女は故郷のキゴマ市からブルンジ製の良質なキテンゲ（アフリカン・プリント布）を仕入れ、ムワンザ市内で販売するアイデアを子細に語った。仕入れ値はいくらで売り値はいくらだとか、掛売りして分割払いで返してもらうと、三カ月後にはこれくらい儲かるなどと計算した紙までみせてくれた。

しかし、翌年八月に再会した際、彼女はキテンゲ商売に援助したはずの資金を厚底サンダルの商売（サンダルをムワンザ市で仕入れ、隣のシニャンガ市に卸す仕事）に投資したと語った。同い歳の子どもを持つ隣人女性に誘われ、協力して子どもの面倒をみることができたからだという。商売はまずまずの利益をあげたが、ほどなくしてシニャンガ市の商人がムワンザ市に買いつけに来るようになったので、妊娠を機にやめたと言い、再会したときにはいつもの仕立て業をしていた。ただ、夫のブクワが、妻の儲けを運用して、日雇い労働の傍ら、友人の靴修理工と一緒に革サンダルをビーズで装飾する仕事を始めていた。商店街で最新ファッションのサンダルを見たブクワが、これなら簡単に真似できると思いついたのだ。

二〇一一年五月、ブクワは友人の紹介でタボラ市近郊の建設現場で約三カ月間の契約労働を得て、単身赴任することになった。彼は、赴任する前にサンダル装飾の材料や道具を友人に格安で譲り、妻のビジネス資金をこしらえた。その資金でハディジャは、かつて計画したキテンゲ商売を始めた。ただしムワンザ市では商売敵《がたき》が増えすぎていたので、厚底サンダルの販売で土地勘を得ていたシニャンガ市に商売に行くことにした。

ブクワは、タボラ市近郊での契約労働を終えた後、そこで知り合った仲間に誘われてカハマ市に新たな契約労働を探しに出かけた。結局、契約労働の口は見つからなかったのだが、カハマ市で偶然に再会した旧友に雇われて、倉庫街から市内商店まで商品を運ぶ軽トラックの運転手をした。ここではじめて運転免許が役立ったが、倉庫の商品がなくなったので、二週間ほどで馘首《かくしゅ》された。

二〇一一年八月、ハディジャは戻ってきた夫の世話をするために、隣町まで出かけて家を空けるキテンゲ商売を断念した。彼女は、キテンゲ商売で得た利益と夫が契約労働で貯めた資金を元手に、自宅付近に小さな小屋を建てて、ふたたび仕立て業に戻った。彼女はこの小さな「オフィス」をとても気に入り、毎日、子どもを連れて仕事に出かけていた。ブクワは市内で建設現場の日雇い労働を探す日々に戻った。

二〇一二年、長女の小学校卒業を機に、ブクワは故郷のマフィンガ市近郊の村に帰郷する考えを語った。その理由として彼は、「故郷を出奔してから十数年、ムワンザ市で人生を模索してきたが成功できなかった。ここらで環境を変えてみようと思う」と語った。ブクワは田舎で農業をするつもりはなく、田舎の畑はこれまで通り親族に任せ、自分自身は中古パソコンを修理して以前に考えた音楽や画像のダウンロード・サービス業をすると説明した。ムワンザ市ではすでにライバルが大勢いるが、田舎ならば、きっとまだ誰も目をつけていないからと。

＊ジェネラリスト的な生き方と生計多様化

ブクワとハディジャの生計実践は、インフォーマルセクター研究で広く指摘されてきた、即応的な技能で多業種を渡り歩く柔軟な専門化、ある仕事のプロになるのではなく、なんでもある程度こなせるジェネラリストとなる生き方をよく示している。ブクワのわずか六年間の職歴を見ても、建築業、サービス業、零細製造業、商業など多様な業種が経験されている。また、収入の補填《ほてん》やリスク分散を目的になされる「生計多様化戦略」も個人単位・世帯単位の両方で実践されている。個人単位の生計多様化とは、平たくいえば、「一つの仕事で失敗しても、何かで食いつなぐ」戦略で、上の事例でいえば、建設現場での日雇い労働を探しながら、革サンダルの加工をおこなうといったことを意味する。世帯単位の生計多様化とは、「家族の誰かが失敗しても、家族の誰かの稼ぎで食いつなぐ」を可能にするものである。上の事例に即せば、ブクワとハディジャの夫婦が別々の仕事に従事して、どちらかがうまくいかなくなったら資本を融通し合い、何とか暮らしていく戦略だ。

タンザニアでは、一つの仕事に収入源を一本化するのはリスキーなことである──いまや日本でもリスキーなことかもしれない──。運よく仕事を見つけても、非正規はもちろん正規の雇用でも何ら保障もなく馘首《くび》になることが多いし、彼らを雇い入れる零細・小規模企業はちょっとしたことで経営が傾くので、給料カットや長期未払いは日常茶飯事。大多数の人びとが従事する零細自営業の大半は、一カ月先に現在とおなじ利益があるかどうかの保証はまったくない。それゆえ、みな複数の収入源を持とうとする。都市の集合住宅では、いざというときに売ったり食べたりするために鶏やアヒルが飼われているし、子どもたちは学校から帰ると、「お手伝い」として庭で採れた果物を売りに行かされる。

また、家族で協力して、家計のバランスと生きぬき戦略を考える必要がある。妻ハディジャは仕立て業のほかに、ベッドシーツを刺繡《ししゅう》して販売したり、ドーナツを道端で売ったり、少しでも収入の足しになることは何でもしてきた。彼女はよく「ブクワは一度もわたしたちに腹を空かせたまま眠りに就かせたことがないのよ」などと夫の甲斐性を褒《ほ》めていたが、夫婦げんかの後には「わが家が何とか飢えずにやってきたのは、わたしが地味に日銭を稼ぐ仕事をしてきたからだ」と不満げに語った。彼女の言い分は、次のようなものだ。

キテンゲや厚底サンダルなどの商売はうまくいけば、仕立て業やドーナツの販売よりも大きな儲けが得られるが、失敗すれば、まったく儲からないこともある「ギャンブル」である。夫が建設現場の契約労働のように決まった収入が見込める仕事を獲得したときには、彼女だって儲けの多い商売に挑戦したいし、実際にしてきた。しかし、夫が不安定な日雇い労働をしたり新しいビジネスに挑戦しているときに、彼女も同じように新規の商売に挑戦すると、家族が食べられない日が出てくる。だから、そのようなとき、彼女は大きな儲けは期待できないが、その日何とか食べるだけの利益は必ず得られる地味な仕事をして、夫を支えてきた。それを忘れてもらっては困るというわけだ。もちろん夫であるブクワもケンカのとき以外にはそのことをよく理解しており、定収入が得られる仕事が決まったり、ビジネスが軌道に乗るとすぐに、妻が新規ビジネスに挑戦できるよう準備してきた。

次に、ブクワとハディジャが語ったアイデアと実際におこなった仕事との関係について注目したい。ブクワたちと同じように、多くのインフォーマル経済従事者の語るアイデアは、その後の人生において実現することもあるが、少なくともその実現が一直線に目指されることはない。目標に向かって「一歩、一歩（step by step）」突き進むことが「当たり前」のように語られる日本で生まれたわたしは当初、彼らが語るアイデアは単なる思いつきのように感じ、どこまで本気で実現させようとしているのか疑わしいものにみえた。

実際にブクワが大金をはたいて取得した運転免許は、長いあいだ箪笥の肥やしになっていたし、パソコンは仕事を始める前に壊れてしまった。ハディジャも具体的に計画していたキテンゲ商売のアイデアとは別の商売を始めた。しかし、事例から明らかなように、さまざまな事業のアイデアは捨てられることなく維持され、偶然に積み重ねた経験や人間関係、その時々の状況に応じて柔軟に変更されつつ、実現するときには実現する。

端的にいえば、タンザニアの都市住民にとって事業のアイデアとは、自己と自身が置かれた状況を目的的・継続的に改変して実現させるものというより、出来事・状況とが、その時点でのみずからの資質や物質的・人的な資源に基づく働きかけと偶然に合致することで現実化するものである。

このような仕事に対する態度は、彼らの危機的な生活状況を反映している。彼らは一方で、計画を立てても本人の努力ではどうにもならない状況に置かれている。たとえば、ブクワが中古パソコンを購入後、オフィスを構えるとしたら、毎年、最低五〇万シリングの賃貸料を貯める必要があった。しかし当時、ブクワは毎朝六時に起きて仕事を探したが、月の半分程度しか日雇い仕事を見つけられず、月給は一〇万シリングほどだった。ブクワ家は、最低でも月一六万シリングの生活費がかかるので、妻の稼ぎ（約六万シリング）を合わせても食べるだけでやっとの状態だった。この状況で一つの仕事の実現を目指し、それ以外の可能性を捨ててしまったら、家族の生命を危機にさらすことになりかねない。

他方で、彼らは地道な貯蓄によっては獲得できない資金を、運よく手にできる機会にも恵まれる。ブクワが一年半後に友人の紹介で得た契約労働の月給は、二〇万シリングだった。労働キャンプでは食事が提供されたので、毎月一〇万シリングを仕送りし、唯一の娯楽のタバコ代を消費しても、八万シリングは貯金できた。三カ月しか仕事がなかったので二五万シリングしか貯まらなかったが、もしカハマ市でさらに三カ月の契約労働を得ていたら、賃貸料は獲得できた計算になる。こうした幸運はとくに珍しいことではない。貯金なんて夢のまた夢の貧しいタバコ売りが、ある日、仕入れ先の商店主とサッカーの話で盛り上がる。商店主は口を滑《すべ》らす。「そこのソーダ、掛売りにしてあげるから、持っていきな」と。

このような暮らしにも、「均質的な時が未来に向かって単線的な道筋を刻んでいく」という近代的な時間とは、異なる時間が流れている。それは「不均質な時の流れにおいて、機が熟するのを辛抱強く待ち、熟した好機を的確に捉える」という時間の観念に近いものだ（注2）。ただ好機がいつ訪れるのかによって、実現のための努力が無駄になることもある。零細商売は競争が激しく、ブクワがカハマ市から帰宅したときには、すでに音楽や画像のダウンロード業は盛んにおこなわれていた。

つまり、このような状況では、計画的に資金を貯めたり、知識や技能を累積的に高めていく姿勢そのものが非合理、ときには危険ですらある。友人のジョニは、「明後日の計画を立てるより、明日の朝を無事に迎えることのほうが大事だ」と語ったが、この言葉は、筋道だった未来を企図することの代わりに、いま可能な行為には何にでも挑戦すること、そのためにはつねに新たな機会に身を開いておき、好機を捉えて、いまこのときの自分自身の持っている資源を賭けていくことを意味している。

＊「前へ前へ」の暮らし

タンザニアの若者たちは、予定表のない生き方を「前へ前へ *mbele kwa mbele*」スタイルと表現するが、目標や職業的アイデンティティを持たず、浮遊・漂流する生き方は、わたしたちには生きづらいようにみえる。だが、「カネがない」の意味で「困難な人生だ」と語られることは多くても、前へ前への生き方に特別な不安感や空疎さを重ねる言葉をわたしはほとんど聞いたことがない。

その背景の一つは、本章の冒頭で述べたように、格差社会が問題化した日本とは異なり、タンザニアでは、日雇い労働や零細自営業を渡り歩く人びとこそが社会経済の主流派であることが挙げられる。定職に就く人びとのほうが圧倒的に少数派である世界では、前へ前への生き方が、特定個人や世代の気質として評価されることはないし、ふらふらと生きていることに引け目を感じたり、特別にカッコよいと喧伝《けんでん》したりする必要はない。

また、前へ前への暮らしの生きづらさは一面では、若者特有の情熱によって乗り越えられている。彼らは一日くらい食事を抜いても同じ境遇の仲間がいて明日を語り合うことが楽しいと思えるし、重労働をこなせる自らを誇れる。二〇一五年の国勢調査によれば、「三五歳以下」の若者層は、タンザニア本土の全人口の約八割にのぼる。また、二〇一六年の世界保健機関（WHO）の平均寿命の世界ランキングで、タンザニアは一九四カ国中一五五番目、六一・八歳である。つまり彼らの日常世界は、この生き方を謳歌《おうか》できる若者であふれ、多くの若者にとって、この生き方に限界がくる「老後」は備えるものではなく、無事に到来することを祈るものである。

文化人類学者のジョンソン＝ハンクスは、西アフリカの女性たちが結婚や出産の予定を「それは未来が決めること」と語る点に着目した（注3）。わたしがタンザニアの若者たちに、前へ前への生き方はどこで終わるのかと尋ねたとき、彼らも「時が自ら告げる」と類似した表現で返答した。

「時が来れば、残りの人生でできることがわかってしまうものだ」（バス運転手、男性、二六歳）

「やがて自らの人生を受け入れるときがくる」（衣料品行商人、男性、二四歳）

このように若者たちは「未来が不確実である＝未来が可能性に開けている」とみなせる時期は永遠ではないと理解している。ただ、だいたい何歳頃にその「時」が来るかと問えば、「そんなのは人による」「わからない」と返される。また、ひとたびその「時」を受け入れても、それがすぐさまこうした生き方の終焉《しゅうえん》や「諦め」を意味するわけでもない。

「若者にはアイデアがあふれんばかりにある。だがある時期がくると、体力がそれを拒否するようになる。でもだからといって、諦めたわけではない。歳を取り、いまでは木陰でコーヒーを売るだけの老人も、一〇〇万シリングを手に入れたら、翌日には姿を消

しているだろう。積年のアイデアを実行するために」(タクシー運転手、男性、四〇代半ば)

＊「仕事は仕事」の人生がもたらす豊かさ

タンザニアの都市住民は、ときに、彼らとは異なる生き方ができる人びとと比較して、前へ前への生き方がもたらす豊かさや利点についても語る。なかでも彼らは、ジェネラリスト的な職歴を通じて得られるものとして「経験」と「ネットワーク／社会関係」の二つを説明する。経験とは次のようなものだ。

「子ども時代に豊かな暮らしを両親から与えられ、学校に通え、大人になって良い仕事を得た人がある日とつぜん仕事をクビになると、身動きがとれなくなってしまう。だが行商人は違う。商品をすべて盗まれても、翌日から歩き始める。そんな経験には慣れっこだからだ」(衣類の路上商人、男性、三〇歳)。

「都会の生活に慣れきった人間が歳を取って村に帰り、鍬《くわ》を手にしろと言われても難しい。だが仕事を探しつづけた人は、その村で何か足りないサービスを提供する術《すべ》を見つ

けられる。オフィサーたちは帰郷しても、ただ座っているだけだ」（牛肉売り、男性、三〇代半ば）

「わたしは、路上の掃除婦だろうと揚げパンの行商だろうと、わたし自身の利益のためだと思って何でもしてきた。そして小さな店を手に入れた。わたしは経験を生かして、満足するまで働くことができる。人に指図する仕事しかしなかった人には、退職した後に自活できない人が大勢いる」（衣料品店主、女性、三九歳）

また、先に紹介したブクワやハディジャの職歴にも示されているように、「仕事は仕事」を可能たらしめる要因は、社会ネットワークである。ただし彼らの人生のネットワークは、仕事の獲得や利益向上のために、目的的・計画的に「資本」や「手段」として構築されていくわけではない。

二〇一四年九月に、ブクワと、彼と共に働く建設現場の日雇い労働者二〇人程度に、「あなたたちは、友人を通じて仕事の機会を得ている。だが雑多な仕事の誘いを受けたり、断ったりする際の判断基準は何か」と尋ねてみた。それに対して彼らは、わたしの問いかけ方ではうまく返答できないと言う。要約すれば、次のようなものだ。仕事をすれば仲間ができる。

ブクワの建設現場の仲間たち

その仲間を通じて、新しい仲間がもたらされる。そのとき、新しい仲間との関係の構築・維持と、彼／彼女が切り拓く新たな仕事の機会の獲得は、どちらも偶然に手段や目的になる。気が合う仲間を見つけたから試しに新たな仕事に従事してみることだって多いのだ、と。

この仲間たちとの関係は、特定の仕事場を離れれば、数年間、顔を合わせることがない場合もある――第六章で述べるように携帯電話の普及によって状況は変化しつつあるが。ブクワのように、若者たちは仕事の機会に伴い、地域をまたいで移動する。しかし、ふたたび何かのきっかけで出会えば、情報を交換したり、共に仕事をしたり、宿泊先や食事の提供を受けたりできる。

ちなみにブクワは、二〇一三年春に村に帰郷したが、妻ハディジャが村の環境に馴染めず——夫が懐かしい故郷の友人たちと地酒の飲み屋に通うようになり——一年足らずで子どもを連れてムワンザ市に戻ってしまった。

後から笑い話として二人から聞いた話では、ハディジャはふだん通りブクワを仕事に送り出した後、超特急で荷物をまとめてムワンザ行きのバスに飛び乗ったのだという。「マッチ一つ、どこにしまってあるかわからない」生活に困り果てたブクワは妻と子どもたちを連れ戻そうとしたが、「故郷で新しい挑戦をする」と仲間たちに話して故郷に帰ってきた手前、一年足らずでムワンザ市に戻ることは気が引けた。話し合いの末、一家は試しにタンガ市に引っ越しすることになった。タンガ市を選んだ理由は、ムスリムが多く、海が近くて魚がおいしいため、敬虔《けいけん》なムスリムであり、牛肉やラム肉など肉類が苦手なハディジャには暮らしやすい環境だと考えたからである。結局、タンガの暮らしも半年ほどで断念することになったのだが、ブクワはタンガに引っ越す前に、仕事の獲得に不安がないことを次のように語っていた。

「ムワンザ、イリンガ、ムベヤ、タボラ、シニャンガ、これまで歩いてきたすべての場所に仲間がいるから、どこでも暮らしていける。タンガにだって、これまでともに暮らした仲間の一人、二人はいるに違いない。たとえ誰もいなくても、誰それを知っているかと聞けば、知っていると答える人間に必ず遭遇できるさ」

このように前へ前への生き方は、ふだんは「あるもの」とは意識されていないが、そのつど偶発的に立ち現れる関係性と、その関係性がもたらす未来の関係性に埋め込まれている。旧友と再会して互いの無事を喜び合い、新たな出会いに期待する。そのように考えると、「仕事は仕事」の人生とは、関係＝仕事を契機に活力を得て、Living for Today に根差した日常を生き直すことの連続であるようにもみえる。

こうした「仕事は仕事」の姿勢は、技術や知識の累積化・熟達化に基づく社会／経済の発展観、あるいは目的合理的・計画的な選択に基づいた生産主義的な主体観と対立するために、「経済システム」としては否定的な評価がなされる傾向にある。しかし本当にそうであろうか。次章からは、こうした価値観や姿勢、関係性に基づいて実践されている零細商売のしくみ、そして近年、台頭・拡大しているトランスナショナルなインフォーマル交易を題材に、

「まずは試しにやってみる」のダイナミズムを異なる角度から、自律的・自生的「経済システム」として明らかにする。

（注1）Tanzania, Republic of 2006. Integrated Labour Force Survey. Ministry of Labour, Employment and Youth Development, p7.

（注2）この時間感覚については、古代ギリシアの時間の観念に関する以下の書籍を参照。ミシェル・ド・セルトー『日常的実践のポイエティーク』（山田登世子訳）国文社、一九八七年。今村仁司『排除の構造――力の一般経済序説』青土社、一九八五年などを参照。

（注3）Johnson-Hanks, J. 2005 "When the Future Decides: Uncertainty and Intentional Action in Contemporary Cameroon", Current Anthropology, 46 (3):363-385.

第三章

「試しにやってみる」が切り拓く
経済のダイナミズム

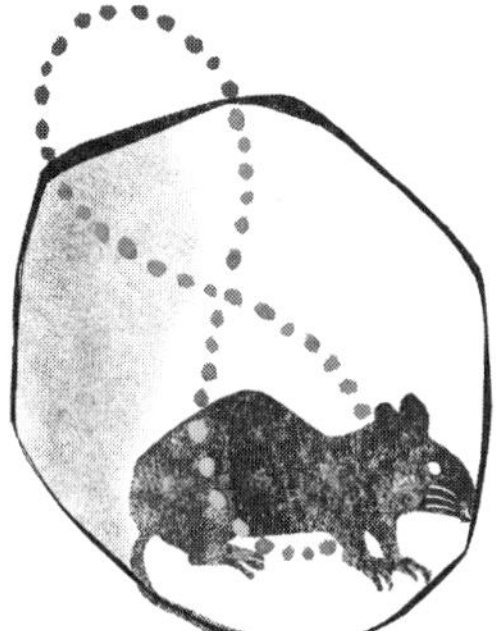

本章では、「仕事は仕事」に通じるLiving for Todayの論理を基盤とした、経済システムについて考えたい。

本書の冒頭で指摘した通り、近年、中国とアフリカをはじめとした草の根のインフォーマルな交易が急速に発展している。これに伴い、これまで「取るに足らない」「解消すべきだ」とみなしてきたインフォーマル経済に対する見方も大きく変化しつつある。冒頭で挙げた、インフォーマル交易の台頭に着目した研究者は、アフリカ―中国などの大陸間の長距離交易を取り上げる傾向にあるが、交易のしくみや商実践は、基本的に近距離の東アフリカ諸国間の交易と同じである。たとえば、アジア諸国（中国、香港、タイ）とタンザニア、タンザニアとマラウィ間の交易を調査した栗田和明氏によれば、「自分の資金を使用し、自分の責任で購入と販売をおこない、交易人がみずから移動して買いつけをおこない、親族や少数の雇い人とともに運営する」スタイルは、移動距離が異なる商人に共通しているという（注1）。次章で中国との交易に話を進める前に、以下ではまず東アフリカ諸国間の近距離交易を事例に、なぜこの交易が大規模な流通業者ではなく、有象無象の零細商人の一群によって担われているのかを、「試しにやってみる」が切り拓く経済の論理に照らして考えてみたい。

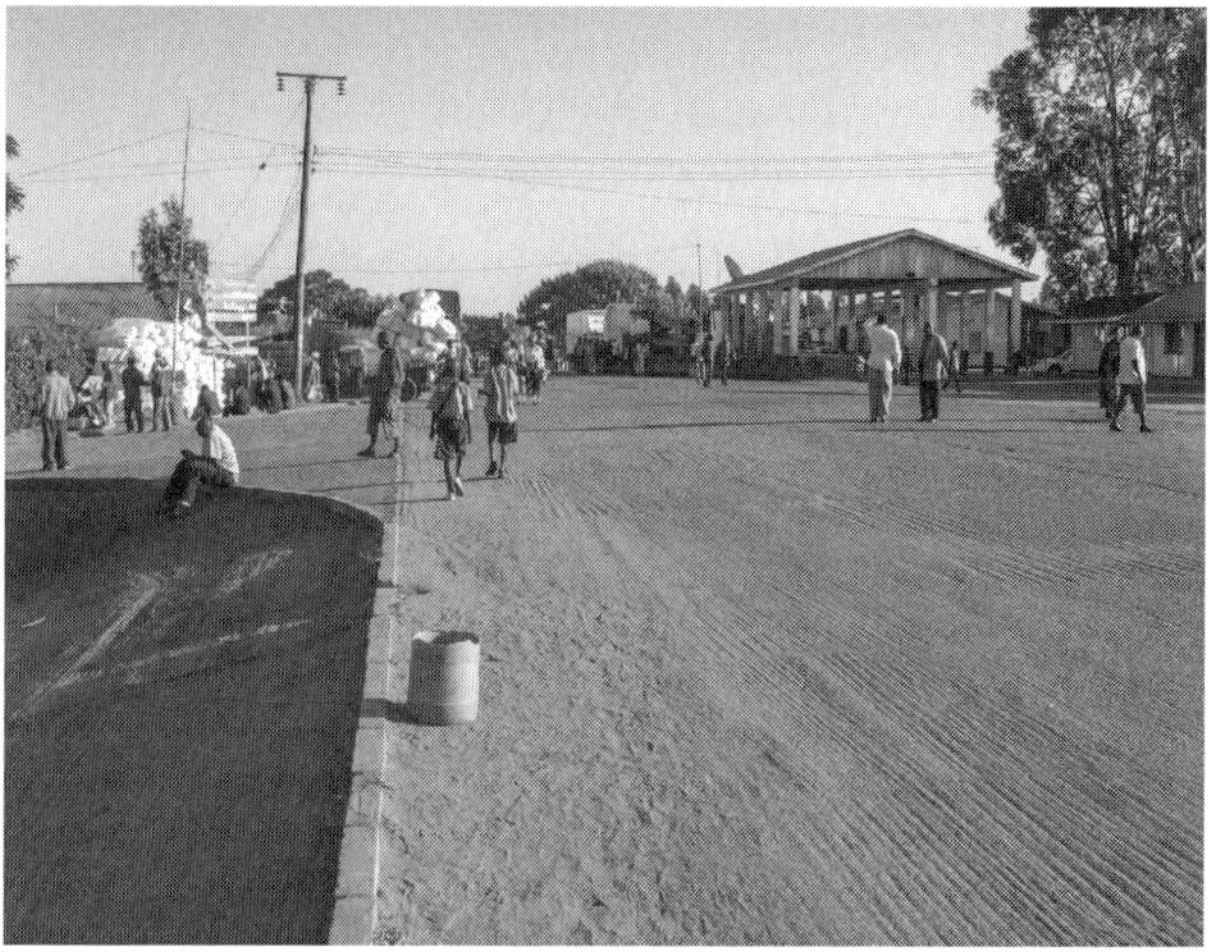
ケニアとタンザニアの国境（2011年3月）

＊東アフリカ諸国間交易の活性化

東アフリカ諸国間交易の活性化は、同諸国間の地域統合の進展を背景として生じている。ケニア、ウガンダ、タンザニアは、二〇〇一年に東アフリカ共同体を再結成した（二〇〇七年にルワンダとブルンジも加盟）。二〇〇五年には東アフリカ関税同盟が結成され、域内関税の段階的廃止と対外共通関税の導入を目指す動きが進展する。二〇一〇年には、共通市場化への移行が宣言される。これにより同諸国間の移動や交易、労働、財・サービスの移転が自由におこなえるようになった。この影響で、ビクトリア湖を通じてケニアとウガンダと国境を接するタンザニアのムワンザ市では、さまざまな商品を同諸国から仕入れる零細商人が増加の一途をたどった。どのように零細商人が商売に参入していったのかについて、わたしの友人の商人たちを事例に説明したい。

◆

マーレーは三四歳の男性で、二〇〇六年まで市内の古着市場の露店で中古ジャケットを販売していた。彼は、（1）東アフリカ関税同盟の結成後、域内の衣類産業保護の観点から域外からの古着の関税率が引き上げられたこと、（2）中国・東南アジア製の新品衣料品が急激に輸入されるようになったことを受けて、二〇〇六年頃には、その他大勢の古着商人と同様に著しい経営の悪化に直面する。

当時、マーレーが商売する古着市場の区画には、スムがいた。当時三六歳のスムは、ケニアとタンザニアのファッションの需要・嗜好の違いに注目し、ケニアの首都ナイロビ市のギコンバー市場で売れ残ったり人気のない中古靴のなかから、タンザニアでは人気のある、流行しそうな靴を安く仕入れて輸入していた。そうすることで、周囲の露店商のなかでは抜きん出て成功していた。

マーレーは二〇〇六年の夏、スムに頼んでケニアでの中古靴の仕入れに同行させてもらう。スムは交通費の節約方法からケニア流の交渉術まで、商売のコツを彼に実地で教えた。これでケニアからの輸入方法を体得したマーレーは、二度目には単独でケニアに行くようになった。

だが同じ頃、マーレーのように先達の協力を得てケニアに買いつけに行く商人は急増していく。二〇〇八年頃にはケニアの市場において、タンザニアで売れる商品を獲得することは困難になった。先駆者であるスムは、二〇〇三年に中古靴の輸入業を二〇万シリングで始めたが、この頃までには七〇〇万シリングの運営資本を獲得していた。彼は資本の一部を靴墨の輸入業や養鶏業などに投資して生計の安定を図るとともに、ケニア商人に仕入れ代金を前払いすることで、競争の激化をしのいでいた。

後続のマーレーは、すぐさま商売の悪化に直面した。二〇一一年の夏、かなりの資本を食いつぶした彼は、この仕入れで最後になるかもしれないという暗澹《あんたん》たる気持ちでケニアに向かった。ナイロビ市のバス停で彼は、偶然に幼なじみのトム（仮名）に再会する。トムは、ケニアの商店街で携帯電話の部品を仕入れ、タンザニアのアルーシャ市の商店に卸す仕事をしていると語った。マーレーは古着の仕入れを急遽《きゅうきょ》取りやめ、トムに同行して携帯電話部品を仕入れることにした。トムは、彼にどのようなメーカーの模造品が売れているのかなどを教え、得意先の卸売店主を紹介してくれた。

ムワンザ市に戻ってきたマーレーは、地道な販路開拓により、何軒かの商店から部品を注文されるようになった。やっと商売が軌道に乗ると、今度はマーレー自身が、ほかの商人たちから携帯電話部品の商売について教えてほしいと頼まれるようになった。彼はケニアに出かけるたびに誰かを同行し、商売のやり方を教えるようになった。

二〇一二年九月、マーレーは後続の商人が増えすぎたために携帯電話部品の輸入業をやめ、ウガンダに衣料雑貨を仕入れに行く計画を語った——ちなみに現在、彼は隣国との交易はやめて、バイク・タクシーの運転手をしている。

＊「仕事は仕事」と「殺到する経済」

二〇一〇年から、わたしは、マーレーがとった方法と同じように、隣国に商品を仕入れに行くタンザニア商人についていき、実際の東アフリカ諸国間の越境交易の様子を観察しながら調査してきた。輸入国や取扱商品の違いにかかわらず、大多数の商人たちは先に始めた友人や親族に同行して具体的な商売の方法を体得し、その後に一人で商売をおこなうようになるという共通点がみられた。

だが、いかなる商売でも、先鞭《せんべん》をつけた商人が後続の商人に商売方法を気前よく教える結果、同じ商品を扱う商人はねずみ算式に増加し、きわめて短期間のうちに特定の商売は飽和状態になる。そして、スムのように創業者利得を得たごく少数の商人を除いて、大半の商人たちは数カ月から一、二年のうちに商売が立ち行かなくなり、新たな商品、新たな市場を開拓する必要に迫られる。その商品や市場も同じ原理によりすぐさま飽和状態になるので、事業規模の成長を欠いたままに、取扱商品や市場の開拓を繰り返していくことになる。

これは、対象とする業種が異なるものの、東一眞氏が中国経済を評して「殺到する経済」と名づけた現象と酷似している。東によれば、「殺到する経済」とは、「『儲かる』と思われる業種にドッと大勢の人びと、会社が押し寄せて、すぐにその商品が生産過剰に陥り、価格が暴落して、参入した企業が共倒れになる経済のこと」を指す。東は、過剰な殺到は値下げ競争の悪循環を招くが、そのような場合にも、専門分野で製品を高度化して後続者が太刀打ちできない高付加価値商品を製造する方向には向かわずに、儲かると思われる別の分野を探して、転戦する傾向にあると指摘する（注2）。

東は、このような事態に陥る原因として信頼や協力の欠如を挙げ、中国の経済文化に否定的な評価を下している。ここでは中国の経済文化について述べることはしないが、この殺到する経済こそ、下からのグローバル化に注目する論者たちが再評価を試みている「インフォーマル経済の多大なる雇用創出」の成果であることは興味ぶかい。

一九九〇年代までのインフォーマルセクター研究は、都市住民の日常生活においてはさまざまな相互扶助が見られるのに、なぜ共同事業が展開しないのかを問うてきた。これは上記の事例で、なぜこのチェーン・マイグレーション（先に移動した人びとのネットワークを頼る方法）において共同経営化が生じないかという問いにも連なる。個々ばらばらに営業するのは、不経済かつ非効率であるようにみえる。普通に考えれば、同じ商品を仕入れに行く友人で共同出資して一度に大量に買いつけたほうが交通費などの経費の節約になるし、組織化して仕入れと販売を分業したり、過剰競争を防ぐような体制を築いたりしたほうが効率的ではないだろうか。こうした問いに対して、多くのインフォーマルセクター研究では、東と同様に信頼の欠如に注目した。だが、信頼がないとすると、なぜ気前よく商売のコツを教えてしまう現象が起きるのだろう。以下ではまず「殺到する経済」がいかなる商売戦略によって展開しているのかを掘り下げたい。

＊ジェネラリスト的な商売戦略

東アフリカ諸国間交易を担う零細商人たちの多くは、「クペレンバ *kupelemba*」と呼ばれる仕入れ戦略を採用している。クペレンバとは、「宝探し」を意味する業界用語で、特定の卸売商や商店から一度に大量の品物を買いつけるのではなく、複数の店をまわって多様な商品を数点から数十点ずつ買い集めていく方法を指す。

クペレンバには時間と労力がかかる。たとえば、スムは、ギコンバー市場の数百の露店を駆けずりまわり、一足ずつ値段交渉をしながら買い集めるため、一日あたり二〇足程度しか中古靴を獲得できない。大量仕入れによるディスカウントも見込めないので、仕入れ単価は相対的に高くなる。また、クペレンバは時間／労働あたりの仕入れ可能量も制限する。

だが、一点ずつ多様な商品を買い集めていく方法には、消費者の嗜好性を見誤るなどの失敗に伴うリスクが分散されるという利点もある。東アフリカ諸国間交易の目玉は、中古品や、模造品や偽物、不良品をふくむ中国製品であり、衣料品や小型電化製品などの流行が変わりやすい商品である。このような商品の市場は不安定である。そのため、「試しに仕入れる」というジェネラリスト的な商品選択と商品多様化が、前章で述べたジェネラリスト的職業選択と生計多様化戦略と同じように、不確実な市場で資金を失わないための戦略として重視されているのである。つまり、「どれかが売れなくても、どれかで商売する」のだ。

また、広告産業が未発達なタンザニアでは、流行がコントロールされていないので、消費者の需要・嗜好の多様性はゆっくりとしか変化していかない。この消費者の多様性に対応する一つの方法は、それぞれの地域の多様な消費者の事情をもっともよく把握できる零細な小売商みずからが商品の貿易を担うことである。第五章で取り上げる阿甘《あがん》氏は、中国のコピー携帯電話製造業者が、大企業とは異なり、まずは試しに消費者の心を動かすような価格で多様な商品を販売してみて、人気が出た商品の価格を後から引き上げていく戦略を採用していることを指摘した。そして同じ方法が、マーケティングや広告効果に頼らずに中国製品を商うタンザニアの商人たちにもみられるのである（注3）。

つまり、不確実性の高い生活環境での「前へ前へ」という生き方のスタイルは、不確実性の高い市場では、「試しにやってみて稼げないとわかったら転戦する」というスタイルになっているのである。「いつ転戦するかわからない」という短期決戦の姿勢は、共同経営や組織化のインセンティブと矛盾し、不確実性の高い混沌《こんとん》とした市場を再生産することになる。

では、零細商人たちは、このような転戦を繰り返す「殺到する経済」をどのように理解しているのだろうか。

＊ネズミの道と小商い

「殺到する経済」は、商人たちの日常的な談話によくのぼり、人びとはみなが誰かを真似して稼げる商売に殺到する結果、「タクシーが乗客の数よりも、商店が通行人の数よりも多くなり、一日中新聞をなめるように読んでも暇で仕方がない」「やっと儲かる仕事を見つけても、すぐに別の仕事を探さなくてはならなくなる」などと愚痴を言う。

それならば、「なぜ商売敵になりうる人びとに気前よく儲かる商品や商売のコツを教えてしまうのか」と尋ねると、多くの商人は驚いた表情をして、「こんな商売に秘密にすべきことがあるとは思わなかった」「教えなくてもわたしの商売など簡単に盗めるものだ」などと返答し、儲かる商売に人が殺到するのは自然の摂理であるかのように語る。また、「仕事は仕事」の人生では仲間との関係が重要であるため、この程度のことでは仲間の頼みごとを拒否しない。彼らはこのような殺到する市場でうまく成功するには、他人について気に病まず、ただみずからが「変わり身の早い人間」としてやりくりするのだと述べる。

その一方で、彼らはそのような混沌とした状況でも、あるいは混沌とした状態だからこそ、自分たちはうまくやれているとも語る。たとえば、商人たちは、東アフリカ諸国間交易を「ネズミの道 *njia ya panya*」と表現する。類似した表現は、世界各地のインフォーマル交易に存在しており、たとえば、メキシコでは「蟻《あり》の交易」と呼ばれている（注4）。これらの用語は、狭義には密輸や不法出国、不法就労を指し、ネズミが壁穴をすり抜けるように、法や規制の網の目をかいくぐることを意味して使われている。だが広義には、違法か合法かにかかわらず、小さなネズミ（の大群）としての商売の戦略としても使われる。

スワヒリ民話にトリックスターとして登場するネズミは、力は強いが頭の悪い大型動物をやりこめる「賢い（狡賢《ずるがしこ》い）」動物である。同様にネズミの道も「小さな零細商人たちが、大規模な商人や政府よりもうまくやる／をやりこめる」という意味で語られる。たとえば、次のような広く普及している小噺《こばなし》がある。

◆

二足の靴を持って歩く年老いた行商人がいた。靴屋の店主は同情して、わたしの店で店番をしないかと誘った。しかし行商人は「店番は腰が痛くなるのでいやだ」と首を振る。そこで店主は、店の靴を掛売りで販売させてあげようと申し出た。だが、行商人は「重い荷物は持てない」と首を振る。結局、店主は行商人に何かの足しにとお金を渡した。喜んだ行商人は、店主を自宅に招いた。店主が彼の家に着くと、たいそう立派な家だ。行商人は、驚く店主に「わたしはたった二足の靴で快適な暮らしができるのに、あなたはたくさんの靴を商わないと暮らせないなんて、かわいそうに」と同情した表情で語った。

◆

この小噺は、タンザニアの都市インフォーマルセクター従事者の半数以上（六六％）が零細商売に従事する理由をいくらか反映している。タンザニア政府が二〇一三年に公表した最低給与は、携帯電話会社等の大企業で四〇万シリング（当時で約二二〇ドル）である。民間中小企業の場合、二〇万から三〇万シリング前後であるとされる。ただし正規の被雇用者よりも、数週間から一年の契約で働く非正規労働者のほうが多く、彼らの給与水準は一〇万から一五万シリングにまで下がる。店番やバーの従業員などは、食費や住処《すみか》を提供される代わりに、ハウスガール（家政婦）の最低給与の四万シリング程度しか支払われないこともある。最終学歴が小学校卒業・中退が大半を占めるインフォーマルセクター従事者の多くが獲得しうる月給は、良くて一五万シリング前後である。だが、一五万シリングの月給（日額五〇〇〇シリング）は、食べて寝るだけで精いっぱいの金額でしかない。

一方で、事例に挙げたスムは、ケニアで探し当てた一万シリングの靴を三万シリングで売ることもある。一日二足売れたら、四万シリングの粗利益。仕入れ経費を引いても、日額二万シリングは手元に残る。つまりこの小噺は、一般的に社会的地位の高い企業の正規被雇用者よりも、うまくやれば、零細商人のほうがましな生活ができるという信念を反映しているのだ。このような信念のうえで、彼らは集合的な「ネズミたち」の賢さを説明する。その意味を、「商店街のインフォーマル化」を事例に明らかにし、個人の「仕事は仕事」に対する姿勢と、集合的な「仕事は仕事」の姿勢とが重なり合う地点を提示したい。

＊商店街のインフォーマル化

中国・アジア製品がアフリカ市場を席巻していく過程は、アフリカ諸国間の越境交易だけでなく、商店街の活性化にも結びついた。二〇〇三年一〇月、ムワンザ市当局は、市内商業地区の活性化を目的に、小さな貸店舗を増設した。この増設された貸店舗には、アジア製衣料品をあつかう商人が多数参入した。二〇〇四年に市内商業地区で開店していた全衣料品店を踏査した結果、一九九九年までには一八軒しかなかった衣料品店は、二〇〇四年までのわずか五年間で一六倍以上の二九七軒に激増した。これ以降も衣料品店は増加していき、二〇一二年九月に再調査したときには、四六七軒が開店していた。いまでは衣料品以外の店を含めて一〇〇〇軒を超える小売店が開業している。

興味ぶかい点は、二〇〇四年の調査時と二〇一二年の調査時で、参入している商人層に違いがみられたことである。上述したように、市内の貸店舗は市が建設したものであり、店舗を経営するためには営業許可を取得し、市当局に一年間の賃貸料である二〇〇万シリングから四〇〇万シリングを前払いする必要がある。また他店と競いながら集客するためには、婦人服ならば、最低でも一〇〇点の品ぞろえが必要とされる。

このような莫大な初期投資が必要であったために、二〇〇四年の調査時では、商店主は、数百万シリング以上の資本を持つ大規模な商人で構成されていた。ところが、二〇一二年に再調査したときには、四六七軒中、約半数の二二八軒の店主は数年前まで、数万から数十万シリングの資本しか持たなかった路上商人で占められていた。なぜ路上商人は、とつじょ商店主になることができたのだろうか。

◆

新品衣料品店（2012年9月）

トッシは三五歳の男性で、現在、市内の繁華街マコロボーイ・ストリートの一角で婦人服店を経営している。彼は、二〇〇四年までは路上に広げたビニールシートのうえに婦人靴を並べて販売していた。当時の彼の運営資本は、わずか一二万シリングであった。

二〇〇四年、トッシは貸店舗の増設に際して実施された路上商人一斉検挙を避けるために、叔母が経営する婦人服店の入り口に、婦人靴を置かせてもらうようになった。その後、彼は目利きの良さを叔母に見込まれ、ウガンダでの婦人服の買いつけを担うようになった。

彼は、三泊四日または二泊三日の旅程で月に平均三回の仕入れを繰り返しているあいだに、ウガンダの何人かの卸売店主と懇意になり、叔母が店舗を持っていることもあり、信用取引（掛売り）で商品を卸してもらえるようになった。支払いの方法は、商品を販売した後に、携帯電話会社の送金サービス（第六章で詳述）を利用して、輸入・卸売商の代理人に仕入れ代金を少しずつ支払っていくというものである。

二〇一二年四月に、トッシは東アフリカ諸国間交易で稼げた知人からマコロボーイ・ストリートの店に空きが出たことを告げられ、店を構えた。店の賃貸料はその知人が市当局に支払っており、彼は年間の賃貸料を一二カ月で割った額と手数料二万シリングを、毎月知人に支払うこととなった。

商店経営に参入して六カ月が経った頃、彼は賃貸料を折半するパートナーを得た。現在、二人は店舗を共有しているが、売り上げは個々が買いつけた商品ごとに別勘定にしている。

◆

この事例のように、路上商人による商店経営の参入には、次の二つの理由があった。（1）隣国の輸入商との信用取引が携帯の送金サービスにより普及し、資本がなくても十分な商品を仕入れることができるようになった。（2）トッシの知人のように市行政に賃貸料を前払いし、路上商人に商店主として月単位で店を貸し出す「大家」が出現した。二〇一〇年三月に商店主に聞き取りをおこなった際、彼らは口をそろえて「店さえ手に入れれば、商品のことは心配しなくてもよい」と語っていた。店舗があれば、隣国の商人から信用取引で商品を仕入れやすかったのだ。

聞き取りした一二名の「大家」は一名を除いて、隣国からの衣料品の輸入業にいち早く参入した元商店経営者であった。彼らは「殺到する経済」の原理で後続の交易人が増えたので、ほかの事業へと退出し、店舗を貸し出したのだ。

この大家の出現により、商品の購入費も、店舗の賃貸料もない、実質的にほとんどカネのない路上商人が商店経営に参入できるようになった。つまり、大変興味ぶかいことに、資本規模や流動性（参入退出の頻度）、個々の独立自営の営業形態がまったく変化しないまま、路上商人から商店主への移行――タンザニアの法規上のインフォーマルセクターからフォーマルセクターへの移行――が生じたのである。実質的には、フォーマルセクターである商店街が、インフォーマル経済の実態で動くようになったのである。零細な独立自営業者が成功して商店を経営する――という、わたしたちが想像する経済の発展――プロセスとは逆に、もともとあった商店が小さな零細独立自営業者たちにシェアされて、分割されていく過程が進展したのだ。シェアハウスならぬ、シェアストアである。

一方、隣国の商人たちが、リスクの高い信用供与を認めた背景には、モバイル通信会社により代金回収のしくみが整備されたことや、アジア製品に対する消費者の購買行動に対応するにはスピーディに商品を売りさばく必要があることも挙げられる（詳しくは後述）。また、大家業が成立した背景には、路上商売の取り締まりが激化し、商店経営に参入したい路上商人が増加したことが挙げられる。このように輸入商が信用取引をしたり、大家が路上商人に店を貸すのには利点がある。しかし多くの零細商人は、隣国の輸入商が自分たちにリスクの高い信用取引を認めたり、大家が自分たちに店舗を貸す理由とは、自分たち複数形のネズミたちの賢さによって、彼らはそうせざるを得ないためだと語る。

「輸入商は多数の小売店主に依存して商売をする。小売店主は多数の路上商人に依存している。なぜか。それ以外に大商人は成功しないのだ。大きな魚が、あっちこっち動く小魚たちを捕まえるのは困難だ。数匹でも逃せば、（税や賃貸料を払わない）小魚が商品を安く販売するから、大商人たちが雇用している小魚たちも（儲からずに）逃げてしまう。結局、大きな魚は小魚たちを呑み込むのではなく、小魚たちと取引するしか方法がないと理解する」（商店主、男性、三〇代前半、二〇一四年九月）

「タンザニアで外国の企業が成功するためには、人びとの仕事を脅かさないモノを持ち込むしかない。家具職人は、輸入家具を真似て、コピー商品をより安い価格で販売する。けれども、市内に散らばって営業する（独立自営の）家具職人たち一人一人にコピーを

やめるよう説得して回るなんてできない」（家具職人、男性、四〇代前半、二〇一四年九月）

零細商人たちは、自分たちのあいだで成功者が生まれる事態は――もちろん好ましいが――受け入れる。なぜなら、零細商人がたとえ成功者の出現により取扱商品を頻繁に変更する必要に迫られたとしても、彼らの存在・商売のしかた自体は脅かされないからだ。だが、彼らの存在・商売のしかた、自律的な経済領域それ自体を脅かし、彼らを低賃金の労働者として雇用しようとする企業に対しては、インフォーマルセクター従事者が営業許可の取得を無視したりするときと同じく、受け入れない。つまり、路上商人たちはフォーマルな商店主となっても、インフォーマルな路上商人のときと同じく自律的かつ自由に商売をしている。個々が自律的に勝手気ままに動くことで、大商人や大家によって管理・統制されない「アナーキー」な市場・経済領域を維持・再生産しているのである。彼らに言わせれば、大商人や大家は自分たちに頼らざるを得ないのである。ここで面白いのは、彼らが熟議をしてルールを決めたり、組織化・団結したりせずに、個々が勝手にやることが結果として一つの経済圏をつくっていくことである。

＊「わたしの運」がみんなの運に変わるとき

路上商人たちに店を構えることができた理由を聞けば、最初に返される言葉はたいてい「わたしの運だ *bahati yangu*」である。「各人には各人の運がある」と他人事《ひとごと》のように返されることもある。前章「仕事は仕事」の人生で説明したように、「商店への参入」は、かならずしも計画して実現したことではない。また、その成功は誰かに親切にした見返りという互酬性に基づいたものではなく、「他人の運」に各人がゆだねた結果、得られたものだ。

共同経営が起きない理由をケニアに向かう途中のバスに居合わせた零細商人たちに聞いたときに、一人の商人に「俺たちが個人主義だとして、その何が悪い？」と言い放たれたことがある。

「路上商人は、警官をみたら自分の荷物をつかんで個々ばらばらな方向に逃げる。足の遅いやつにかまっていたら、みんなが捕まる。逃げきった商人が多ければ、捕まった商人を後から助け出すこともできる。同じように儲からない商売をみんなでやって何になる？　みんなが食えなくなるだけだ。零細商売はあっという間に儲からなくなる。みんなで動こうとすれば、機会を逃す。誰かが動けば、道ができる。ばらばらに動けば、誰かは成功する。誰かが成功して団子状態から一抜けすれば、その分だけ誰かの余地が生まれる。動けるのに動かない人間は、ほかのみんなの余地を奪う」(古着商人、男性、二〇代後半、二〇一一年三月)

これはおそらく個人主義ではなく、「仕事は仕事」の基本、ジェネラリスト的職業選択と生計多様化戦略——「どれかは/誰かは成功する」——を、「世帯」よりもずっと大きな社会を単位に位置づけた戦略ではなかろうか。その社会的境界は漠然としているが、「仕事は仕事」の人生が「仲間の仲間はもしかしたら未来の仲間」として成立するなら、見ず知らずの人も含めた「みんな」を一つの生計単位として考えてもおかしくはないだろう。

(注1) 栗田和明『アジアで出会ったアフリカ人——タンザニア人交易人の移動とコミュニティ』昭和堂、二〇一一年、二二三頁。
(注2) 東一眞『中国の不思議な資本主義』中公新書、二〇〇七年、六四頁。
(注3) 阿甘『中国モノマネ工場』(徐航明、永井麻生子訳/生島大嗣監修) 日経BP社、二〇一一年。

（注4）Gauthier, M, 2012 "Mexican" "Ant Traders" in the El Paso/Ciudad Jua'rez Border Region: Tensions between Globalization, Securitization and New Mobility Regimes. In Globalization from Below:The World's Other Economy, edited by G. Mathews, G. L. Ribeiro and C. A. Vega. London and New York: Routledge, P.138–153.

第四章

下からのグローバル化と
もう一つの資本主義経済

タンザニアでは二〇〇〇年頃から、中国に渡航して商品を買いつける商人が急増している。第三章では、東アフリカ諸国間交易に従事する商人たちが、先に始めた友人や親族に商売のしかたを教わり、隣国への買いつけに乗り出していくことを説明した。このチェーン・マイグレーションのしくみは、アフリカ諸国間の交易だけでなく、遠く離れた中国への買いつけでも基本的には変わらない。タンザニアの都市部には何とかして資金をかき集めて中国に旅立ち、新たなビジネスチャンスをつかもうとする熱意にあふれた若者たちが大勢いる。

二〇〇八年に、中国から商品を買いつけている友人の輸入商モシに、わたしも中国に行って買いつけの様子を観察したいと打ち明けた。彼は「それならば、次の買いつけに一緒に行こう」と気軽な調子で言った。わたしが、残念だけど調査時期が合わないと伝えると、彼は翌日に簡単なメモをくれた。メモには、「まず香港に渡れ。香港に着いたら、ミラドール・マンションに行って、〇〇か△△という人物を探せ。彼らの電話番号は――だ。彼らの誰かに聞いて本土に渡るビザを取得しろ。列車で広州市に渡れ。広州に着いたら〇〇か△△、□□という人物を探せ（電話番号が並ぶ）。そこからは彼らに金を支払って案内してもらえ。誰も見つけられなかったら、俺に電話しろ」と書いてあった。

モシはメモを渡しながら「タンザニア人の仲間を見つけろ」と念を押した。中国におけるアフリカ系交易人を対象とした民族誌の多くは、「騙された体験」――中国の製造業者がわざと注文品の納期を遅らせ、ビザが切れるのを待って低品質な商品や注文と違う商品を渡したり、母国で梱包《こんぽう》を解くと購入した商品とは異なる商品が入っていたり――を取り上げている。こうした経験は、容易にビジネスの破たんを招く。アフリカと中国との下からのグローバル化において、あらゆる「契約」は、ほとんど効力を持たない。「契約」の類はあるが、たとえ「契約」の不履行が起きたとしても警察や裁判所に訴えることは困難だ。なぜなら地下銀行の利用や不法入国・滞在、コピー商品や偽物の輸入など、彼らはどこか法に触れていることが多いからだ。ここでサバイブするために必要なのは、「わたしだからこそ／わたしだけは」の信念と、対面する人びととのあいだで騙しや背信を織り込んだ「了解」「信頼」をいかに築くかにかかっている。本章では、中国での交易を事例に、インフォーマル性とは何かについて再考し、そのダイナミズムを明らかにしたい。

＊中国へ――香港のチョンキン・マンション

中国を目指すアフリカ系交易人の多くは、ビザの取得の容易さから、香港を経由して中国本土に渡る場合が多い。たとえば、ケニアとタンザニアの交易人は、九〇日間自由に香港で滞在できるビザを取得することができ、中国本土のビザも母国で取得する場合とは大きく異なり、数時間で簡単に取得できる。そのため、多くの交易人はいったん香港の主要な複合ビル（雑居アパート・安宿・商業センター）であるチョンキン・マンション（重慶大厦）やミラドール・マンション（美麗都大厦）に滞在し、ビザを取得してから鉄道交通で中国へと移動する。

チョンキン・マンションは、香港の九龍半島南端の尖沙咀《チムサーチョイ》の繁華街ネイザン・ロード（弥敦道）に面して建っている。香港の繁華街に立地していながら、このビルの周辺だけ怪しげな雰囲気を漂わせている。エントランスの周囲には「ニセモノ、ヤスイヨ？」「ニセモノ、トケイ、サイフ、ドウデスカ？」と片言の日本語で話しかけてくるアフリカ系のディーラーがいる。エントランスをくぐると、携帯販売店や両替商、インド・パキスタン系レストラン、雑貨店などがあり、二階の一部に商業施設、二階・三階から一六階・一七階が安宿や長期滞在者用のアパートとなっている。

香港中文大学の人類学者ゴードン・マシューズは、このチョンキン・マンションを舞台として分厚い民族誌を描いた（注1）。同書の主題は、「ローエンドなグローバリゼーション」

「下からのグローバル化」の中心である香港、さらにその核となっているチョンキン・マンションに特有の「新自由主義」について論じ、その新自由主義の肯定的な側面を描き出すことにある。

最もシンプルで直截的な定義では、新自由主義とは市場を価値の究極的な調停者として強調し、国家による市場への統制を最小限にすることを提唱するイデオロギーとされる。このイデオロギーに基づくグローバル経済システムによって周縁化されてきた人びとを扱うことの多い人類学のメインストリームは、たいてい新自由主義に対して批判的な視座に立ってきた。自己責任の原則のもとで自由競争を促進する新自由主義は、大企業やグローバル企業にだけ利益を与え、勝ち組と負け組の境

チョンキン・マンション（写真：アフロ）

雑然としたビル内の２階から見えた商業フロア

をますます強固にするものであると。

しかしマシューズは、そうした周縁化された人びとのハブとなった香港における主流のイデオロギーは「新自由主義」だと断言する。チョンキン・マンションは、アフリカや中東、アジア、中南米からの香港と中国で商品を買いつける零細交易人だけでなく、一時的な避難所として逃げてきた亡命者、香港や中国で生計を模索する出稼ぎ労働者、零細企業家、バックパッカー、セックスワーカー、薬物乱用者の集住する場でもある。この世界で最もコスモポリタンな場所は、何よりまず香港当局がその入国に際して非常に緩やかな規制しかしていないことによって形成されている。香港警察は、不法労働や売春などのマイナーな違法行為に対して寛容である。また香港は、地下銀行やインフォーマルな両替商に対する黙認も含めて、金融取引も容易な場所である。中国との国境は穴だらけで商品の密貿易も簡単だ。それは、そうした自由さ・寛容さでもって香港の経済が機能しているという認識に基づいており、その上に成り立つ香港の新自由主義は、少なくとも下からのグローバル化の促進において肯定的に作用している、とマシューズは主張する。

マシューズによれば、チョンキン・マンションに集まる文化や社会的背景（人種や民族、宗教）の異なる人びとはあまり争わないという。その理由は「カネを稼ぐ」ことが彼らの共通した第一目的となっており、文化や慣習の違いに大きな関心が持たれないからだという。チョンキン・マンションへの参加は、あたかも「第三世界の成功者のクラブ」への加入であるかのようにみなされ、そこでは騙されることも含めて、経済的な成功や貧富の格差を生み出す新自由主義のルールは、誰もが望んで自主的に参加を決めたゲームとして捉えられている。ただし、チョンキン・マンションで生じていることは、新自由主義の理論にいくらか反してもいる。

何が違うのかといえば、ふつう新自由主義とそれを促進する国民国家のシステムは、上からのグローバル化を構成する大企業や多国籍企業に恩恵をもたらすように機能するものであるが、ここでの新自由主義は無政府主義的なまでに徹底したものであるために、必ずしも大企業や多国籍企業がひとり勝ちするような市場になっていないのである――まさに前章で述べた、ネズミの大群が不確実な市場を集合的に形成していくメリットと同じである。

ここでは、国家の法や公的な文書は価値を持たず、香港や中国に商人本人が出向いてみずから対面交渉をし、そこで取引の子細と輸送までの手続きを確かめなければ騙されやすい。人びとは大企業の権威を無視し、具体的な人間との関係性でしか動かない。面倒な交渉を通じて人間関係を築いてやり取りしない限り、容易に「カモ」にされる。チョンキン・マンションは、対面的な関係こそが信頼できるすべてであるという理由によって、世界中から商人たちを引き寄せる。世界中から商人たちがわざわざ集まってくることこそが、香港を活気づけ、香港経済が発展する要となっているのだ。

＊香港から中国本土へ

さて、香港でビザを取得した交易人は、鉄道で中国本土へと移動する。どこに買いつけに行くかは目当ての商品による。たとえば、広東《かんとん》省仏山《ぶつざん》市は照明器具、同市の順徳《じゅんとく》区は家具、湖北《こほく》省武漢《ぶかん》市は建材、浙江《せっこう》省温州《おんしゅう》市は靴・履物の中心地である（注2）。ただしアフリカ系交易人に圧倒的に人気の交易地は、広東省広州市と深圳《しんせん》市、浙江省義烏《ぎう》市の三都市だ。

なかでも広東省広州市には、サブ・サハラ以南のアフリカ系交易人が多く集まることから「チョコレート城」「リトル・アフリカ」「広州ハーレム」などと呼ばれる卸売商店街が形成されている。不法滞在者をふくめたアフリカ系人口を捕捉した統計資料はないため、正確な人口は不明であるが、栗田は、旅行者扱いで短期的に広州に入ってくるアフリカ人の数は年間二〇万人にのぼると推定している（注3）。

広州市は、日本人の感覚からすると、そしておそらくは多くのアフリカ人の感覚でも巨大

中国・広州市のアフリカ人街

な都市である。アフリカ系交易人のなかには中国語や広東語はもちろん、英語も不自由な者がいる。どうやって生きのびていくのかと余計な心配をしてしまうが、アフリカ系交易人が集まる場所は主に次の二つの区域であり、ここまで辿り着ければ、現地のアフリカ系住民や交易仲間に助けてもらうことができる。一つは白雲《はくうん》区の三元里周辺であり、もう一つは越秀《えつしゅう》区の小北路周辺である。

　これらの地区には衣料品や靴、革製品や化粧品、アクセサリーなどを扱う卸売店舗を収容する商業ビルが林立している。前者の三元里周辺では、迦南ビルがアフリカ系の仲介業者のオフィスが多いことで知られている。また衣料雑貨や電化製品ならば、唐旗ビルや天恩ビル、新天恩ビル、伯樂ビルなどが、コスメや香水ならば美博ビル、カバンなどの革製品ならば梓元崗ビルと、目当ての商品に応じて訪れるビルは決まっている。後者の小北路では、天秀ビルや秀山ビル、国龍ビルがアフリカ系交易人の商業スペース兼居住アパートとして広く知られている（注4）。

二つの区域のアフリカ系交易人のあいだには言語圏（または宗教）によるゆるやかな棲《す》み分け傾向がみられ、前者は主にナイジェリアや東アフリカ諸国など英語圏アフリカ諸国の人びとが、後者はマリやトーゴ、ギニア、セネガル、コンゴなどフランス語圏アフリカ諸国の人びと（またはイスラーム教徒）が集まっている。

ヤン・ヤンによれば、商業ビルのなかには、多様な商品を扱う卸売店兼小売店がひしめき合っている。三元里には中国系住民が卸売店を経営する場所と、ナイジェリア人を中心にアフリカ系住民が多く店を構える場所（アフリカン・マーケット）がある。卸売店や商店を経営するアフリカ系住民のなかには、長江デルタ地域や珠江デルタ地域の工場に特定の商品の製造を委託したり、短期滞在型商人の代行として広州からの買いつけや現地企業との仲介をおこなう者も存在する（注5）。ビル内やビル周辺には、アフリカ系美容院やレストラン、英語や仏語、アラビア語のほか、アフリカ系の言語を話すビジネスコンサルタント業者や通訳・仕入れの手助けをする個人営業のエージェンシー、地下銀行や通貨交換所なども集まっている。

多くのアフリカ系交易人は、観光ビザまたはビジネスビザで買いつけや現地工場との取引をおこなう。短期滞在型の衣料雑貨の仕入れでは、現地企業・工場と大規模な取引をおこなう大規模商人を除き、前章で説明した「クペレンバ」という仕入れ戦略を採用している――何度か渡航して慣れてくると、工場にサンプルを持ち込んで、注文生産するようになる。たとえば携帯のコピー商品は、アフリカ系交易人自身が「いま母国で売れている商品」のサンプルを中国の工場に持ち込んで、注文生産したものであったりする――。

アフリカ系商人が中国で仕入れた衣料品（卸売店内部、2014年）

広州市で聞き取り調査した商人たちによれば、中国で仕入れる商品には、自身が経営する店での売れ行きや、買いつけ費用の出資者、顧客からの注文などにより渡航前に決めている商品と、現地のコンサルタント会社やエージェンシー、仲間の商人からの情報をもとに渡航後に決める商品の両方がある。実際に多くの交易人は、携帯電話を片手に母国や現地の同業者と情報交換しながら卸売ビルを回り、一つずつ商品を確かめながら買い集めていた。仕入れた商品はコンテナを共同で借りたり、現地の物流エージェントを通じて海路、あるいはスーツケースに詰めて航路でアフリカ諸国に向けて輸送される。

＊アフリカ人交易人と中国人商人との関係

ところで、中国におけるアフリカ系交易人の研究のメインストリームは移民研究であり、中国におけるアフリカ人コミュニティや社会ネットワークに光をあてたものである。二〇一〇年代に入って、中国のアフリカ人に関しては人類学や人文地理学、都市社会学など多岐にわたる研究分野で多くの著書・論文が公刊されているが、その多くは数十人のアフリカ系交易人に対して移住歴や商売歴、中国での暮らしや商売で直面する困難、そのような移住や商売に関わって利用される社会関係について聞き取り調査をした事例研究である（注6）。

商業的な移民に関する研究には蓄積がある。フィリップ・カーティンによる包括的研究に示されている通り、世界各地に離散しながら、相互に依存し合う自律的なまとまりを形成した商業移民は、交易ディアスポラ（交易離散共同体）や交易マイノリティと呼称され、よく研究されてきた（注7）。世界的には華僑やユダヤ商人が有名であるが、アフリカ諸国ではインド・パキスタン系商人やレバノン商人、ハウサ、ソニンケ、バミレケといった民族がその代表的な存在である。こうした交易ディアスポラに関する従来の研究は、特定の国や民族、宗教等の帰属意識やロイヤリティとそれを基にして移住先で形成されるコミュニティ、そこでの相互扶助や起業家精神などを論じたものだった。しかし、中国を基点とする「下からのグローバル化」は、このような従来の交易ディアスポラ研究の枠組みでは捉えがたい側面を有している。

主な理由は、この「下からのグローバル化」の担い手である商人の大半は短期滞在者であることだ。彼らは商品の買いつけのためだけに中国を訪れており、早ければ一週間で帰国してしまう——研究者のなかには彼らを「商業的な旅行者 commercial traveler」と呼ぶ者たちもいる。これらの流動的な人びとは、コミュニティと呼びうる持続的なまとまりの中心にはなりにくい。コミュニティの中心的担い手となるのは、中国で商店や通訳・仲介業のオフィスを構える長期滞在のアフリカ系移民たちである。現地には、出身国をベースとした緩やかなまとまりがあり、そのまとまりはアフリカ系商人の中国市場への参入や日常的な助け合い、食事や娯楽などの日常生活において重要な役割を果たす。

しかし栗田は、タンザニア人を事例として、こうした長期滞在者を中心としたコミュニティとは地理的にも参入者にも明確な境界を持たず、レストランや美容院、運送業者、商店などの点を、知り合いから情報を得た交易人が必要に応じて移動しているものだと述べる（注8）。また後述するように、出身国を基盤としたコミュニティは他の国のアフリカ系住民に対して排他的なものではなく、コミュニティ構成員のビジネスの成功のために特化、機能していないようだ。通常、移民コミュニティは、ホスト社会や他の移民コミュニティの否定的な「まなざし」や態度への対応が重要となる。だが、広州市の発展に伴う「民族的な飛び地ethnic enclave」の出現形成過程を明らかにした李志剛らの地理学者のグループは、長期滞在者のアフリカ系移民たちが、ホスト社会の住民に対してほとんど関心を持たずに暮らしていることを指摘している（注9）。

これらの研究に対して、このような「無定形さ」や「無関心」をふくめて長期滞在者の移民コミュニティの意義に着目した研究として、言語学者のアダム・バドモの研究がある。バドモは、中国に長期滞在しているアフリカ系移民は、母国のアフリカ人とホスト社会の中国人とを橋渡しする機能を担っていると主張し、彼らの役割を「橋渡し理論」を使って説明する（注10）。バドモは、アフリカ系コミュニティと中国系コミュニティとの関係はメディア等で喧伝されているほど悪いものではなく、その理由を、中国に長期滞在するアフリカ系移民のコミュニティが異文化をつなぐための相互理解を構築する橋渡しを日頃からしているためだとする。バドモが提示している「橋渡し」の事例としては、聞き取り対象者のアフリカ系移民（七七名）の二一％が中華料理をつねに食べていること（四四％は中華料理を食べないと回答）、アフリカン・レストランが開店することで中国人によるアフリカの文化理解が深まっていくことなどである。

バドモは「橋渡し理論」とは、必ずしも互いが互いの文化から肯定的な側面を学びあうことだけでなく、否定的な側面を避けることを学び合うことでであるともいう。要するに、互いの文化的相違に基づく「無関心」や「衝突」も含めて、アフリカ系移民の存在自体が文化的理解の促進につながると主張しているのだ。たとえば、彼は当局によるビザの規制の強化に対するアフリカ系住民の不満と、迦南ビルの輸出用衣類店の従業員の女性が語ったアフリカ系住民に対する不満を取り上げる。後者の従業員の女性は語る。多くのアフリカ系商人は約束を守らないと。彼らは一週間以内に商品を供給するように企業に依頼するが、彼らは時間通りにそれらの商品を引き取りに来ず、商品が生産された後になってカネがないという。さらに男性のアフリカ系交易人は会ってすぐに口説いてくる……。最後の点はもちろん中国人の妻を得ることができれば、現地で自前の商売をおこすことが可能となるためだ。

　さらにバドモは、聞き取りしたアフリカ系交易人の半数が言語的なコミュニケーションの問題を抱えていないと指摘している。その理由は、広州のアフリカ系交易人は、たとえ中国語を話すことができなくても、電卓とジェスチャーを組み合わせて中国系商人とコミュニケーションできるからだ。これは事実である。わたし自身も広州市の主要な卸売ビルを回り、アフリカ系交易人と中国系商店主とのやり取りを参与観察したが、ほとんど言語的な会話がなされない場合も多々みられる。たとえば、次のような場面である。

　アフリカ系交易人が「black」と黒のタンクトップを指さし、中国人店主がそれを手渡す。交易人が品定めの後に首を横に振ると、店主は違う黒のタンクトップをみせる。交易人が首を縦に振ると、店主が箱をみせて、何セット買うのかを指でサインを送って尋ねる。アフリカ系交易人はそれに首を振るなどして意思表示をする。最後に店主が電卓をたたいて値段をみせ、それに首を振って、アフリカ系交易人が違う値段をたたいて、店主が首を振ってまた違う値段をたたいて……を繰り返し、どちらかが首を縦に振れば取引成立である。

　コミュニティの定義は様々だが、一般的なコミュニティ研究の視点から、ホスト社会と移民コミュニティの文化交渉、文化接合などに着目し、長期滞在移民や交易人、仲介業者に積極的な意義を見出そうとすると、「下からのグローバル化」のダイナミズムを捉えられない。その枠組で、彼らの関係性を相互理解や信頼に回収することにより、異文化接触・交流の頻度に基づく知識・経験の蓄積、親密性の濃度が問題になり、操作可能な他者が目的になる。確かに、異文化を知り互いに仲良くなることはある。しかしだからと言って、その異文化理解や信頼に基づき「操作可能になった他者」と彼らが商売の交渉をすることはない。彼らの信頼とは大胆な言い方をすれば、その時々の交渉により発現する「誰も信頼しないことによる、誰にでも開かれた信頼」であり、どちらかと言えば、「反コミュニティ的」なものである。

＊仲介業者としてのアフリカ系交易人

アフリカ系交易人と中国人取引相手とのあいだの合意は、たいてい口約束、または手書きのレシートだけでなされる。さらに中国の工場に注文するなどの場合には、必ずデポジットとしていくらかの金銭の前払いを要求される。しかしたとえ公式の契約書があったとしても、交易人がそれらの製品を注文通りに受け取れる保証は何もない。多くの研究で、アフリカで荷ほどきした後に注文の品が入っていなかったり、間違っていたりといった事態に見舞われた交易人の事例が紹介されている。

だが、先に述べたように、騙されたとしても、海賊版商品やコピー商品を扱っている場合には、警察や裁判所に訴え出ることは難しい。ありうる解決策は、契約の不履行を避けるために、注文した商品の生産や梱包を監督することである。ただし、それでは観光ビザでの滞在可能期間を超えてしまうため、今度は不法滞在者となって警察に捕まるリスクと隣り合わせとなる。香港やマカオに入国して再度ビザを取得する方法もあるが、中国本土のビザの取得に関わる規制は揺れ動くので、ビザを更新できないときもある。

結果として、彼らが頼ることになるのが、長期滞在の仲介業者である。彼らのなかには、もともと一九八〇年代、九〇年代に中国政府の開発支援プログラムなどを通じて中国の大学に留学して後に仲介業者に転身した者もおり、現地語を流暢《りゅうちょう》に話せるうえ、生産から輸送に関わるプロセス全体を監督することができるからだ。

だが、ここで疑問が立ち上がる。バドモが述べるように、現地に中国の工場や企業とアフリカのビジネスマンを仲介する長期滞在者がいれば、実のところ、アフリカ系零細商人はわざわざ中国に来なくても、彼らを通じて中国からの商品の輸入をおこなうことができる。にもかかわらず、現地の仲介業者や中国人の取引相手と直接的に交渉するために中国に渡航する零細交易人の数は増えつづけている。なぜか。もちろんその背景には、現地で自分だけのチャンスを見つけて成功したいという起業家精神があるだろう。だがもう一つの重要な理由は、先に述べたように、この経済が「契約」ではなく対面交渉による「信頼」に基づいて動いていることに深く関係しているように思われる。

この点を考えるうえで興味ぶかい議論が、キール大学の地理学者アンジェロ・ミュラーとライナー・ヴェアハーンによってなされている（注11）。

ミュラーらは、アフリカ系仲介業者はエスニックな帰属意識や国籍の共有をベースとして排他的にアフリカ系交易人と取引するわけではなく、ホテルのロビーで頼まれたり、空港でたまたま遭遇したりと、偶発的なきっかけを含めて既存のナショナル／エスニックな境界線を越えた多様な顧客を獲得することを明らかにしている。ここで重要な点は、こうした顧客ネットワークが個別の仲介業者のパーソナルネットワークとして拡大していくことだ。つまり、商品を流通させていく際や日々の暮らしにおいては親族関係やエスニックな関係が重要となる場面も多いが、基本的に仲介業者は「一人で仕事をする」傾向にあり、その他の仲介業者とのあいだでパートナーシップや連帯、組織を形成しないということである。こうした連帯や組織化の欠如については、第三章で東アフリカ諸国間交易を事例に説明したが、インフォーマル経済の普遍的な特徴の一つである。

ミュラーらはなぜ彼らが個人操業形態であるのかを、アフリカ系仲介業者は一般的に騙されたり詐欺にあったりした経験をもとにして、中国人取引相手はもちろんのこと、たとえ親族でも「潜在的なビジネスパートナー」を信頼しないという態度を共有しているからだと指摘する。ただしここでの「不信」は、決してアフリカ系交易人たちが同胞さえも信頼しない人びとだというわけではない。

上述したように、仲介業者は、アフリカ系交易人が中国の取引相手とのあいだで約束した「取り決め」に従って商品が生産されたり出荷されたりしているかどうかを監督する。しかし、これは簡単なことではない。中国人の取引相手は、生産の過程で追加の費用がかかったと再度交渉しようとするなど、隙あらば追加の利益を得ようとする。そのため仲介業者は単に商品の生産や出荷を監督すればいいだけではなく、彼らとうまく渡り合う交渉術を必要とする。その交渉術では、中国人の取引相手の「メンタリティを感じ取る feeling for mentality」ことが肝要であるとされる。明らかな詐欺行為が発覚した後にも、仲介業者は取引相手を責めたてることはなく、取引相手の顔を立てつつ、交渉を有利に運ぶよう働きかける。たとえば、ミュラーらは次のような面白い事例を紹介している（注12）。

仲介業者Dはアフリカの顧客のために、ある中国の会社にテレビカメラを注文した。二度目の取引だった。商品を集荷したとき、Dはカメラのアクセサリーが欠けているうえ、カメラの一つは偽ラベルがついた前年度のモデルであることに気づく。しかしDみずからは何のアクションも起こさない。中国の会社から担当者がデポジット分をのぞく代金を受け取りにオフィスにやってくる。そのとき、Dはアフリカの顧客と詳細について最終確認しなくてはならないから少しの忍耐が必要だと伝える。そして携帯でアフリカにいる顧客と何度も連絡を取りながら、顧客からの質問を中国の代表者に取り次いでいく。その過程で、カメラの一つは「いまや」顧客の期待を満たすモノではないこと、別の商品に替える必要があることがDと担当者のあいだで明らかになっていく。Dはその流れでアクセサリーを確認したり、各商品の品質を確かめる作業をする。電話での会話のあいま、Dと中国人担当者は、日常的なたわいもないことを、冗談を交えながら中国語で対話する。この対話で、中国人取引相手の間違いや詐欺行為についてはまったく言及されない。しかしDは、何ら追加の料金を発生させることなく、顧客からの質問を取り次いだという体裁をとりながら問題のあるカメラと不足していたアクセサリーをオリジナルな商品に替えさせることに成功した……。

＊「騙し」を含む実践知

このような交渉術は、各仲介業者が騙されたことも含めて中国系商人と渡り合ってきた経験で培ったものであるが、目の前の取引相手の態度や性格、その場の状況に応じて発揮される実践知のようなもので、汎用性のある知識や戦術として誰かに伝授することは難しい。この実践知こそが仲介業のニッチを形成しているのだが、それは同時に、失敗を含めた経験を積んで実践知をみずから培わないと仲介業者Dのように成功できない証左ともなっている。この事実はアフリカ交易人が騙されるリスクを肯定的に捉え、中国にみずからも渡るインセンティブとなりうる——これも「殺到する経済」の原理である。

加えて重要なことは、こうした交渉術はとうぜん対中国人だけでなく、対アフリカ人顧客に対しても発揮されることだ——ゆえにみずから渡航して彼らと駆け引きする必要がある。仲介業者が身内であっても信頼しないように、彼らの顧客の側も仲介業者を信頼する根拠はない。なぜなら、文化的な多様性が極めて高く、極めて不確定なビジネス環境においては、取引相手の道徳性、あるいは相手が誠実たろうとする意志はあまり取引の帰結に関係がない。

約束を守ろうとする人が信頼できる人ではなく、騙しを含む実践知によりそれぞれの局面をうまく切り抜け、結果としてそのときに約束を守れた人が信頼できる人なのだから。つまり、信頼は取引をする前に存在する何かではなく、交渉の過程で互いに機微を捉え利害を調整し、お互いに「信頼」を勝ちとることができた結果として生まれるものなのだ。

＊インフォーマリティの再考

インフォーマル経済の台頭と膨張を促す原動力とは何か。インフォーマルセクターのグローバルな勢力の台頭に着目した研究は、これまで偽装失業層や就労貧困層の生存戦略としてみなされてきた経済の新しい可能性に光をあてた。だが、そうすることで、逆に従来のインフォーマル経済研究が論じてきた日々の無定形な生計実践に対する関心から遊離していく傾向にある。しかし、インフォーマル経済がいかにグローバルに展開しようと、その基盤となっているのは日々の生活であり、人間関係であり、生き方としての仕事観である。日々の生計実践の成り立ちに目を向けてみれば、ある経済がフォーマルかインフォーマルか、覇権的か非覇権的かにおいて、「法秩序の規制を超え出る」点――法的な違法性と道義的な合法性との関係――にこだわる必要はないと思う。

突飛に思われるかもしれないが、ここで、経済以外のインフォーマル性を扱った議論を取り上げたい。カプフェレは、うわさを真実／虚偽、自然発生的／意図的などの区分ではなく、情報メディアとしての「非公式性」に着目し、その独自の発生・浸透メカニズムを論じた。うわさは公式な情報を脅かすこともあるが、公式な情報をソースにすることもあり、公式な情報の拡散に貢献することもある。また公式な情報も、ときにうわさを積極的に利用する。ただし、うわさと公式な情報には、一つ決定的な違いがある。それはうわさが、具体的な個人間のコミュニケーションによって増殖することであり、その増殖・変容・消滅は、相手との関係性や感情、偶発的な出来事に開かれていることである。カプフェレは、うわさの研究を通じて、わたしたちの知の確信が「社会的なもの」にしかないことを論じた(注13)。

同様に、「仕事は仕事」の人生は、その時々の個々人の関心や資質と、偶発的なものも含む出会いや状況との相互作用により進んでいく。東アフリカ諸国間交易も、小売人みずからが動き、その時々の人間関係の鎖を通じて展開していく。経済のインフォーマル化は、各人が各人の、思い思いの動きが生み出す状況に運をゆだねることで推進される。香港を経由して中国に渡る人びとも同様である。彼らの取引を左右するのは顔のみえる相手との具体的なやり取りに関わる実践知、野性の思考である。逆に言えば、この世界で重視されていないものは、その時々の状況や具体的な人間関係を抽象化し統制する制度や契約、計算に基づく「確信」である。ピダハンと同様に、ここにも一種の徹底された直接体験のルールがあるのだ。

共同経営や契約関係の樹立など、インフォーマルセクターによる何らかの制度化や組織化に期待する見方は、社会や経済の動力として、うわさを常に頼りなく危険なものとみなし、それに根拠や倫理を求め「うわさ」をより確実なものにしていく思考様式と似通っている。トランスナショナルなインフォーマル交易に着目する研究は、この交易を担う人びとのしたたかさ、パイの共有に基づく経済が主流派経済をひそやかに侵食することを礼賛するが、それは、うわさを公式な情報との関係だけで評価するのと似ている。だが、うわさの価値はそこにしかないのだろうか。うわさは確かに嫉妬や悪意にもまみれており、他者や正確な情報を貶《おとし》めたり傷つける武器にもなるが、同時にうわさは誰かとつながり、楽しみやいたずら心でもって人間関係を円滑化するための武器にもなる。

タンザニアの都市民の仕事に対する姿勢や態度は、生存の危機感のうえに成立している。だが、生き馬の目を抜く中国に挑戦する姿勢にも、ある種のサバイバル意識が通底している。だが、「前へ前へ」の生き方は、危機に直面した不透明な世界でみずからを見失っている状態を意味しない。むしろ、ままならない他人や状況にゆだねるからこそ得られる喜びや苦しみがあり、それでも生きているという自身に誇りを、自分を生かしている社会的なものに確信を持っているように思われる。わたしは、この社会的なものにゆだねる生きざまとは何かを探究することにも「経済のインフォーマル性」、その基盤となっている Living for Today を論じる可能性が秘められていると考えている。

（注1）Mathews, G. 2011. Ghetto at the Center of the World: Chungking Mansions, Hong Kong, Chicago: University of Chicago press.
（注2）Mathews, G. and Y. Yang 2012. How Africans Pursue Low-End Globalization in Hong Kong and Mainland China, Journal of Current Chinese Affairs, vol.41, No.2 pp.111.
（注3）栗田和明『アジアで出会ったアフリカ人——タンザニア人交易人の移動とコミュニティ』昭和堂、二〇一一年、一一八頁。
（注4）Mathews, G. and Y. Yang 2012. How Africans Pursue Low-End Globalization in Hong Kong and Mainland China, Journal of Current Chinese Affairs, vol.41, No.2 pp.161.
（注5）同右。
（注6）たとえば、注3、注9、注10もそうである。

（注7）フィリップ・カーティン『異文化間交易の世界史』（田村愛理、中堂幸政、山影進訳）NTT出版、二〇〇二年。

（注8）栗田和明『アジアで出会ったアフリカ人――タンザニア人交易人の移動とコミュニティ』昭和堂、二〇一一年、一二二頁。

（注9）Li, Z., L. J. C. Ma and D. Xue 2009. An African Enclave in China: The Making of a New Transnational Urban Space. Eurasian Geography and Economics, vol.50, Issue 6 pp.699–719.

（注10）Badomo, A. 2010. The African Trading Community in Guangzhou: An Emerging Bridge for African-China Relations, The China Quarterly, 203;pp.693–707.

（注11）Müller, A. and R. Wehrhahn 2013. Transnational Business Networks of African Intermediaries in China: Practices of Networking and the Role of Experiential Knowledge, Journal of the Geographical Society of Berlin, vol.144, No.1 pp.82–97

（注12）同右、九三頁。

（注13）J・N・カプフェレ『うわさ――もっとも古いメディア』（古田幸男訳）法政大学出版局、一九九三年。

第五章

コピー商品／偽物商品の
生産と消費にみる Living for Today

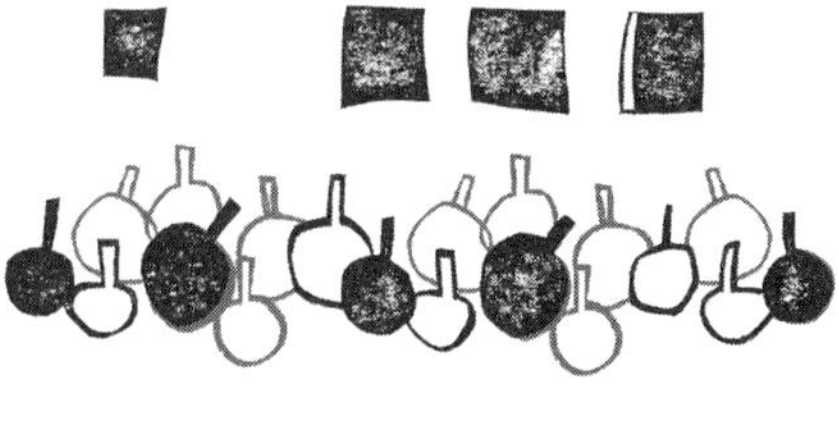

本章では、前章で注目した「下からのグローバル化」を担う交易人から、中国の生産者やアフリカの消費者に視点を移し、模造品やコピー商品、「パクリ文化」と呼応する、Living for Todayを考えてみたい。

＊法的な違法性と道義的な合法性

プロローグで述べたように、中国を起点とするインフォーマル交易の台頭に着目した研究者たちは、下からのグローバル化をわたしたちと同じ新自由主義に胚胎しつつ、「より人間的な新自由主義」であると評価した。彼らが下からのグローバル化を部分的にも擁護する根拠は、意外とシンプルなものだ。それは、従来のインフォーマルセクター研究でも頻繁に議論されてきた、「法的な違法性 illegal」と「道義的な違法性 illicit／合法性 licit」との関係である。たとえばリベイロは、アブラハムとシェンデルの議論を引き、この二つの関係性を次のように説明する。

「(il) licitは、〈法的には禁止されているが、社会的には許容されている、あるいは保護されている〉活動を意味する（Abraham and Schendel 2005: 22)。この (il) licitが下からのグローバル化を特徴づけるものだ。これこそが、なぜ薬物は販売できないが、無認可のコピー商品は混雑した路上や市場において日中に堂々と販売されているのかという問いの答えである」（注1）。

この法的な違法性と社会的な合法性との違いを、従来のインフォーマルセクター研究では、政府とインフォーマル経済従事者とのコンフリクトを事例に論じてきた。たとえば、アフリカ諸国で増殖した路上商人は、税金や営業許可料を支払わず、条例や道路交通法に違反しながら営業しているという意味で「不法労働者」であるが、当事者や彼らから商品を購入する消費者は、路上商人とドラッグの密売人を同じ犯罪者だとはみなさない。路上商人は、ただ税金や営業許可料を支払うことが困難で、消費者の手の届く価格で商品を販売し日銭を稼いでいるだけの貧しい労働者に過ぎない。

ここには、インフォーマル経済の住人は、ささやかな生計を維持するうえで「不合理」だとみなす政策や条例を無視するが、けっして「何でもあり」なわけではないという理解が存在する。彼らは、金持ちに粗悪品を高値で販売したり、警官に賄賂《わいろ》を払ったりもするが、ふつうの生活者として当該社会の多くの人びとが不公正であるとみなす一定の境界を越え出ない範囲で日々を生きぬいている。むしろこの経済は、主流派の経済では「違法」ではないが、社会的に不公正だとみなす領域により規定されているのだ。

研究者たちは、このようなインフォーマル経済の二種類の違法性／合法性との関係を、コピー商品や模造品のグローバルな交易にも拡大した。たとえば、中国を拠点とした模造品・コピーの生産・循環を論じた先行研究では、

(1)模造品やコピー商品は、貧しい人びとが最新の技術やデザインにアクセスすることを可能にする
(2)模倣や海賊行為は、さまざまな制約のある発展途上国で草の根のイノベーションを引き起こし、経済を離床させる原動力となりうる
(3)模造品やコピー商品の生産から流通・消費に関わる人びとはそれが偽物やコピーであることを隠さずに取引しているので、彼らのあいだでは道義的な違反は成立していない

などの理由を挙げて、部分的にこの経済を擁護している（注2）。

しかしながら、ある種の社会的な道義性をあたかも自然に存在している倫理のように強調する論調を推し進めると、詐欺や騙しが横行するある種の海賊的な自由さをはらんだこの市場のダイナミズムから乖離していくように思われる。これらの議論における模造品やコピー

商品の道義性とは、実際にそれを生産・流通・購入している人びとの主張というより、この商品のグローバルな循環を主流派経済との関係で捉えたときに措定されるものである。

以下では、中国の製造業者たちについての研究の議論を取り上げ、山寨《さんさい》と呼ばれるコピー／ゲリラ商品がどのような論理で生産されているのかを説明する。次に、タンザニアの消費者がコピー商品や模造品、偽造品を数多くふくむ中国製品をどのように評価しているのかを示し、これらの製品を積極的に購入する消費者の購買行動と Living for Today との関係を明らかにしたい。

＊山寨文化と Living for Today

中国では、模造品やコピー商品、偽物は山寨（Shanzhai）製品と呼ばれる。山寨とは中国語で「山のなかの砦《とりで》」を意味し、政府の統制が及ばない、山賊やアウトローの隠れる場所を指していたとされる。それが二〇〇八年の北京オリンピック前後から、コピーや偽物、ゲリラ、非官製、草の根などを意味する用語として使われるようになった。

山寨という用語は当初、安価な模造品の携帯電話の生産地において使われ始めたとされる。山寨携帯の主要な生産地は広東省、とりわけ深圳に集中している。ここで操業する企業のなかには、コピー商品だけでなく正規品を製造している企業もある。日中は正規品を製造し、夜間にコピー商品を製造する「ムーンライト」企業もある。高模造品のなかには、正規品と同じ生産システムを使って作られた「リアル・コピー」と呼ばれるものもあり、偽造保証書までついているという（注3）。

また、山寨企業は必ずしも有名ブランド企業の意匠権や商標権を侵害したコピー商品・偽物だけを生産しているわけではなく、オリジナルな機能や付加価値をつけた独自の製品を生産している場合もある。ただし携帯電話の場合、オリジナルな製品を生産している山寨企業も、携帯電話を生産する際に義務づけられている型式認証を取得していないという意味では法令違反を犯している（注4）。

現在では、山寨は家電製品だけでなく、著名ブランドのロゴを真似た衣料品・雑貨から、マクドナルドとケンタッキーをコラージュした「KMC（ケンタナルド）」、偽ディズニーランド「蓬莱欧楽堡幻世界」、さらには模造品や海賊版製品などのモノに限定されず、主流文化や有名人のパロディなど言論や芸術活動においても広く適用される用語となった。

いまや「パクリ大国」として名をはせるようになった中国で映画や音楽、ソフトウエアなどの模造品は、中国のGDP成長率の重要な部分を占める。中国政府はコピーや偽物の撲滅《ぼくめつ》

中国・広州市にある卸売店。コピー商品が並ぶ

に取り組むよう国際機関やブランド企業の団体により要請され、実際に二〇〇四年頃からさまざまな取り組みを実施している。だが、国家経済の重要な部分を構成しているコピー商品や偽物の製造と、それを支える山寨文化を徹底的に取り締まることは、物理的にも経済的な観点においても難しいようだ（注5）。また、山寨文化に対する評価は知的財産権の侵害などに関わる批判ばかりでなく、模倣やコピーは日本や韓国も通った経済発展の一段階である、あるいは後述するように草の根のイノベーションにおいて不可欠の「必要悪」として肯定的に捉える見解もある。

研究者のなかには、中国でコピー商品や偽物の製造が栄えた背景には、中国独自の文化的な土壌があるとみなす者たちもいる。たとえば、Ling Jiangは、次のように述べる。

（1）そもそも西欧とは異なり、中国では歴史的に、絵画や彫刻、書道などにおいて先人の作品を模倣・模写することこそが伝統的な学習法であり、高度／独自の模倣・模写がその人の芸術性として称賛される文化がある

（2）著作権は「独占」に関連する西欧の概念であり、社会主義的な経済システムを長らく経験した中国人にはなじみのない概念である

と指摘している——後者はやや疑わしい。

また、ニューハンプシャー大学のアジア研究者ウィリアム・ヘネシーは、「コピーや偽物の生産は何らかの中国独自の伝統や文化に埋め込まれており、それゆえ人びとはコピーをしていることに無関心なのか」、それとも「彼らは意識的にコピーをおこない、それによって新しい種類のイノベーションや社会的批評に従事しようとしているのか」と問いながら、山寨という用語の元来の意味や文学での描かれ方の考察をおこなった。そして、この言葉にはもともと「盗人と英雄」というアンビバレント（両価的）な価値が込められていることを明らかにしている（注6）。

おそらく山寨には、西欧的な価値基準でコピーや偽造を論じることのできない文化的なロジックが込められていると思われるが、一方で、文化主義的な説明がどこまで可能なのかといった点には、慎重になる必要がある。現行の山寨文化を構成する人びとの営み・戦術には、タンザニアを含む世界各地のインフォーマル経済に共通する論理があると考えるからである。

＊中国のゲリラ携帯と山寨革命

ここで大変ユニークな主張をしている、阿甘《あがん》氏の『中国モノマネ工場』（日経BP社、二〇一一年）を取り上げたい。著者の阿は、山寨携帯を事例として、山寨の生産システムをフォード式、情報化、アウトソーシングや社会的分業の加速化の次にきた第四次産業革命であると主張する。ウイットに富んだ文章はかなり過激であり、やや主張が先走っている側面もあるものの、本書が興味ぶかい点はなにより「山寨革命をうながす原動力」をめぐる独自の考察にある。

阿は、山寨革命が生じた理由について、生産力が向上して安い価格でサービスや商品を供給できるようになったからだけでなく、人びとの心理面で自信と能力が解放されたことについても主張する。情報・コミュニケーション産業の発展に伴って知識や技術へのアクセスが容易になると、それまで「専門家」とみなしてきた人びとが実は特別な人間ではないことにみな気づく。みずからの専門領域を超えて活動するスターたちは、むしろ専門家の特権的地位を貶め、特定の分野に詳しい在野の専門家を刺激することになった。そして好きなことに心血をそそぐアマチュアたち、オタクたちが好奇心を携えて、ときに金銭的報酬を度外視して蜂起する。それが山寨革命の原動力だというのである。

阿は、ピラミッド型のブランド企業と水平的なネットワークで動く山寨群団を、さまざまな角度から比較していく。彼は「技術障壁をベースとしたマタイ効果（持っている者はより豊かになり、持っていない者はさらに奪われていくこと）は、インターネットによるオープンリソース化と弱い紐帯《ちゅうたい》の力の解放により、有効なパラダイムではなくなった」と述べ、前者のやり方は時代遅れだと主張する。そして、旧来のシステムに代わるものとして山寨企業による、百度《バイドウ》百科《ひゃっか》（中国版ウィキペディア）型の生産システムを提示する。匿名の人びとによる知識の提供——親切心、好奇心、あそび心、つながりを希求する行為——によるウィキペディアの編纂は、専門家による辞書編纂と比べて圧倒的にスピーディに情報を集められ、またそこでの情報が必ずしも信頼できないわけではない。同じように、企業が生産から組み立て、品質管理までのすべてを抱え込んでおこなわずとも、「自分のできる一部」を担う零細企業どうしが、自由市場での柔軟な協力・駆け引きに基づき部品・製品をやり取り・カスタマイズしていっても市場に耐えうる製品ができるということだ。丸川知雄氏は『チャイニーズ・ドリーム——大衆資本主義が世界を変える』（ちくま新書、二〇一三年）において、製品の製造を外部に委託していく「垂直分裂」がすでにとことんまで進展し、開発と生産に関わるさまざまな役割がそれぞれ専門の独立した企業によって担われるようになった体制について述べているが、百度百科型システムとはこれとほぼ同じものである。また丸川が述べるように、こうした体制自体は——それがどこまで進展しているかには程度の差があるが——ブランド企業にもみられる（注7）。

しかしブランド企業の「プロトタイプ」と山寨企業の「プロトタイプ」とを、巧みな比喩を駆使して二項対立的に検討していく阿の考察は、インフォーマル経済に共通する基本的な戦術を浮かび上がらせるうえで有効だ。それを説明するために、まず阿が「山寨企業はただ税金を払わずに、他人の技術を盗用・流用しているから成功したのではない」とする根拠として提示した、山寨企業の三つの極限戦を紹介したい。

＊山寨企業の極限戦とインフォーマル経済

極限戦の第一は、苛酷なまでの薄利多売を可能にする特有の価格設定にある。前にも少し触れたが、一般的にブランド企業は、競争力の高い機種が出ると、マーケティングし、まず高値で販売し、市場に浸透するのを待って値を下げ多売するという戦略を採用する。それに対して山寨製品は、発売後に消費者の心を動かす価格にまで一気に引き下げ、売れた商品の価格を徐々につり上げていく方法を採用する。これは、第三章のタンザニア商人の仕入れ戦略（クペレンバ）についての説明で指摘したように、そもそも広告やマーケティングの効果に頼らずに経営しなくてはならない零細な自営業者で構成されるインフォーマル経済では、広くみられる慣行だ。

もう一つ阿は、山寨製品の価格の安さは、企業との利益分配方法の違いにも起因すると指摘する。ブランド企業の場合、従業員一人が一台の携帯から得る利益は山寨企業よりも高い。そのうえ企業は通常、社長、役員、部長、課長、係長等々がブルーカラーよりもずっと多くの給与を得ている。だが、山寨企業の場合、そうした役職がない場合もあるし給与体系はフラットであり、かつ試作や検査費、人員管理費もいらない。

第二に、スピード。ブランド企業の場合、モデルチェンジや新モデルの開発には、マーケティングの結果に基づいて会議をしてモデル変更の必要性やブランドイメージを議論し、それを各生産ラインへと伝達し、出来上がった製品の品質チェックをして……というプロセスを踏まねばならず、時間がかかる。それに対して百度百科型生産システムで動く山寨企業には、このような時間は不要である。彼らに必要なのは、自由市場におけるその場その場の分業と協力関係のみである。阿はその証拠として、彼の調査時点で最多だったサムスンでも年間五〇種類程度の新モデルしか出さないのに対して、山寨携帯では、日に三〜五種、年間一〇〇〇種類以上の新製品を市場に送り込んでいることを挙げる。

また彼は、他社に対して常に中核的な競争力を持とうとし、流通の川上から川下への独占を考えている企業と対比しながら、「……山寨携帯の各種の工程を手掛ける企業は、おおよそ一般庶民階層に属している。彼らは大きな望みを持たず、最高の目標も最低限の目標も『生きていくこと』『いくらかの金を稼ぐこと』だ。それゆえ、彼らが人を雇うのもすこぶる早い」（注8）と述べたり、「この種の分業と協力の伝統は……深圳の何千何万という企業が長年積み上げてきたやり方だ。開発・設計、仕入れ、製造、販売の各プロセスには何も秘密がない。売り手はコストさえ隠そうとしない。彼らと付き合っていると、決して過剰な利益は求めず、生きていくのに十分な利益さえ手にできれば十分という心意気が伝わってきて、痛快に感じる」（注9）などと山寨企業のシンプルな生計戦略を評価する。このような生計戦略は、まさにタンザニアの零細商人の生計戦略、Living for Today の論理と共通している。タンザニアの零細商人たちもみずからの商売に特段に秘密にすべきことはない／秘密にしてもどうせ模倣されるので意味がないと主張しながら、後続の者たちに気前よく商売のコツを伝授していた。

第三に、セールスのしかたである。すでに述べたように山寨企業には広告を打ったり、コンセプトを練り上げたり、販売チャネルを開拓する資金がない。品質保証やアフターサービスもない。しかし阿は、安さとスピードを極限まで高めれば、人びとは短期の買い替えを前提として、これらのことを気にしなくなると主張する。また、彼らはコストと技術が必要な根本的なイノベーションではなく、見た目や付加価値となる機能をごてごてとつけていくかたちでつねに商品の新規性を打ち出していく山寨企業のやり方もイノベーションだと評価する。

こうした山寨革命、新たな経済システムの源泉を、「絶えず試しにやってみて稼げるようなら突き進み、稼げないようなら撤退する」という個々の戦術と、寛容で柔軟なネットワークにみると、とても面白いことに気づく。なぜなら、これらの山寨革命の源泉とは、まさにこれまでインフォーマル経済が発展しない理由として問われてきた、「なぜ組織化しないのか」「なぜ次々と職や商売を替え専門性を積み上げないのか」という行動様式と同じだからだ。インフォーマル経済が発展しないとされた原因、あるいは、その日その日をまず生きるというLiving for Todayを基本としたビジネス戦略は、情報産業やコミュニケーション産業の発展をはじめとした特定の状況で、とつじょ革新的なシステムとして評価されるようになったのだろうか（注10）――山寨は政府による取り締まりで大打撃を受けているらしいが。

ここで重要な点は、「下からのグローバル化」の内部には、大きな差異も存在することであり、模造品やコピー商品を消費する人びとにとって、これらの製品が手放しに喜ばしいものであるとは限らないことである。次にふたたびタンザニアに戻り、中国製品を消費する人びとの購買行動の論理とLiving for Todayとの関わりについて検討したい。以下の記述は、二〇一二年九月（ムワンザ市）と二〇一四年九月（アルーシャ市）に主要なショッピングストリートで、それぞれ消費者一〇〇人と一六五人に聞き取り調査した結果に基づいている。

＊まがいものとしての中国製品

中国製品に模造品やコピー商品、あるいは偽物が多いことは、今日のタンザニアの消費者にとって周知の事実である。模造品やコピー商品は、タンザニアでも「コピー *kopi*」や「フェイク *feki*」と呼ばれている。二〇一〇年頃からは「チャカチュア *chakachua*」という言葉でも呼ばれるようになった。この動詞形の「クチャカチュア *kuchakachua*」は、もともとバスやトラックの運転手、ガソリンスタンドの従業員が雇用主から燃料代をかすめとることを企図して、「ガソリンやディーゼルに水や灯油、古いガソリンを混ぜる」行為を指していたとされる。それが違法に／非正規に利益を得るために「混ぜもの」「まがいもの」を製造・販売する行為を指して使われるようになった。チャカチュアは流行語にも選ばれ、いまや中国製のまがいものは、タンザニアの人びとにとって最もホットな関心事の一つである。聞き取りをした人びとは、中国製のコピーや偽物がいかに粗悪かを説明することには事欠かない。

床屋の店主は、（フランスのスポーツブランドである）ルコックスポルティフにそっくりな中国製偽スニーカーを買ったら、わずか三日で靴底がはがれてしまったことを語り、見た目がいくらカッコよくても「メイド・イン・チャイナだけは信用してはダメだ」とまくし立てた。タイプライティング店の店主は、壊れた部品から買い換えていった結果、ディスプレイ、キーボード、本体部分がばらばらのメーカー品となったパソコンを指さして、「中国製品は一年も経てば、フランケンシュタインだ」と皮肉った。

品質が悪いだけでなく、中国製品にはある種のトリック、ペテンも駆使されている。聞き取りに応じてくれた消費者は、「Ｇ－ＳＨＯＣＫ（カシオ）の偽物時計を買ったけれども、アラームなどのボタンがただの飾りに過ぎず、機能しなかった」「偽ノキアのスマートフォンのアプリは押したけど動かなかった」「海賊版ＤＶＤのジャケットには一二の映画が入っていると書いてあったのに、デッキに入れてみたら六しかなかった」「ハリウッド映画のはずが、ボリウッド（インド映画）だった！」など、失礼ながら、思わず笑ってしまうような失敗談の数々を語った。

＊コピーや偽物がないと困る

しかし、聞き取りに応じてくれたタンザニアの消費者に、コピー商品や模造品はいま世界中で問題にされており、商標やデザインを盗まれた企業が働きかけることで、これを取り締まる動きがあるのだと話をふると、多くの消費者は、それはどうなのかといった表情になる。次のトラックの運転手が語るようにタンザニアの貧しい消費者にとっては、電化製品や流行品を手に入れるうえで、安価な模造品がないと困ることも事実である。

「もしコピー商品がなくなったら、我が家からテレビも扇風機もオーディオセットもアイロンも、都会的な生活らしいものは何一つなくなってしまう。コピー商品を規制することは、ブッシュの生活に戻れというのと同じだ」

人びとはわたしが日本人だとわかると、日本製品がいかに長持ちするか、いかに細部まできちんとつくられているのかを説明し、中国製品と違ってすばらしいと褒めてくれる。友人たちは、わたしが土産に買ってきた日本の時計を「五年経っても動いている奇跡の時計」と語り継ぎ、近所の雑貨店で買った折り畳み傘から懐中電灯、食品タッパーまであらゆる品を、タンザニアでは手に入らないクオリティだと欲しがった。日本製品を絶賛されれば、誇らしい気持ちにもなる。

しかしその後に必ず聞かれる「いくらで買ったのか」に答えた瞬間から、風向きは変わる。みなショックな顔をし、「もう日本で何も買ってこなくていい」と言いだす者もいる。それならタンザニアに着いてから同じ予算でもっと多くのプレゼントを買ってくれと。わたしは「半年そこらで壊れる中国製品は不経済だが、五年、一〇年壊れない日本の高すぎる製品は意味がない」とよく意見された。長く使い続けるかわからないのだし、そこまで高性能・高品質でなくてもいいので、中国製品より少しだけ良いモノを手の届く価格で生産できないものかと。

また消費者の多くは、自分たちはコピーや偽物だと知りながら買ったとしても、コピーや偽物だから買ったわけではないとも主張する。四〇代の主婦は、わたしが知的財産権について説明すると、購入したばかりのバッグを見せながら不満げに言った。

「わたしが購入したバッグはコピー商品だと思う。安かったから。でもわたしは流行りのデザインの商品が欲しかっただけで、わざとコピーを買ったわけじゃない」

この「わざと」買っていないという点は、タンザニアにおけるコピー商品の位置づけを考えるうえで重要である。タンザニアにも有名ブランドの商品を陳列するショッピングモールは存在するが、大半の消費者にとっては敷居の高い場所だ。彼らが日常的に利用する商店街の小売店や路上の露店には、有名ブランドのオリジナル製品は置いていない。模造品やコピー商品でなければ、それまで聞いたこともなければ、もう二度と目にしないだろう「その場限りの」ロゴのついた商品か、あまり有名ではない中国やアジア諸国のオリジナルなブランド製品があるだけである。平均的な所得の消費者にとって、模造品やコピー商品は行きなれた商店の商品の中から良さそうな品を選んだだけであり、必ずしも特定のブランド品の代替物として購入したものではないのである。

じっさい聞き取りをした消費者のなかで商標やロゴの偽造、デザインの微妙な違いについて問題視した者はほとんどいなかった。たとえば、アディダス（adidas）の偽造品には「adidos」「ajidas」「adides」などさまざまなバージョンがあるが、タンザニアの人びとに「これらの偽造ロゴについてどう思うか」と尋ねても、多くの人は機能や品質、見た目が良ければ、あるいは値段がそれ相応ならば、外見上の些末《さまつ》な違いは気にならないと回答した。逆に、そのような細かなデザイン上の違いにこだわること自体を良くないことだとみなす主張もある。

「スペルが微妙に違うアディダスのコピー商品のいったい何が問題なのか。俺たちはふだん穴のあいたスニーカーを履いている。少なくとも雨が降ったときに困るのは、穴があいていることのほうだ」（文具店主、男性、三〇代）

「ナイキのメッシュ（のシャツ）が偽物でも本物でも、サッカーが好きかもしれないなど、そいつがどのような若者かしか気にならない。君が着ている服は偽物だとは誰も指摘しないし、高価なブランド品で着飾ったり、本物のブランド品しか買わないという若者は、マシャロバロ *masharobaro*（軟派な男）やビショー *bishoo*（ナルシスト）だと馬鹿にされる」（路上商人、男性、二〇代）

＊中途半端なオリジナルよりも、最低限を満たしたコピー商品

タンザニアの都市人口は、すでに述べたように、都市に出稼ぎに来て一旗揚げることを夢

見ている若者が大半を占める。いまだ人生での成功を模索している人びとにとっては、ファッションに過度な費用を費やすのはあまり好ましい態度ではない。また、友人に「それは偽物だ」と指摘することは、彼／彼女の困窮や生計戦略への配慮を欠いている。ときには、高価な本物を買うかどうかの問いかけ自体が妬みの感情を抱いていると疑われたり、不必要な妬みをまねいたりすることにもつながる。

また、ロゴやデザインの偽造と妥当な値段との観点から、高模造品と低模造品、オリジナルとコピーのどちらを選ぶかが、一般的な望ましい選択と逆転することもある。

「本物のアディダスのタンクトップが三五〇〇シリング（約二ドル）で買えるわけがない。だからロゴが本物と同じだろうと少し違うものだろうと、偽物であることには変わりない。問題なのは、ロゴが本物と同じであるせいで偽物を高い値段で買ってしまい、すぐに壊れた場合だ。そうなると、騙したのは中国人かそれとも路上商人 *machinga* かと悩むことになる」（建設労働者、男性、二〇代）

類似の意見はほかにも聞かれた。つまり外見的に偽物やコピーだとわかる、おかしなロゴの低模造品のほうが、騙されて高い値段を払う事態にならないのでそっくりな高模造品で質の悪いものよりも良いという主張である。また最近では一部の中国ブランド品は評価が高まりつつあるが、もし中国のオリジナル製品もコピー商品も粗悪な場合は、比較する対象のないオリジナル製品よりも、妥当な値段がわかるコピー商品のほうが良いという意見もあった。

＊いまあるお金で買えるモノ

アフリカで模造品やコピー商品の消費が拡大している理由はしかし、必ずしも「お金がないから」や「ブランドの価値を理解していないから」ではない。中国製品が経済的な余裕のない人びとでも買うことのできる「安さ」を実現していることは事実だが、この安さの効果とは、「いまこのときの事情において」という但《ただ》し書きがついたものである。

日本製品を褒める消費者の多くは、実際に日本製品を中古で購入した経験がある。中国製品が市場を席巻する前には、中古車からテレビや冷蔵庫などの電化製品、中古衣料品、玩具に至るまで、輸入消費財の多くは中古品で賄われていた。新品ではとうてい無理でも、中古品ならば本物の高価なブランド品を購入できる。中古市場で掘り出したアルマーニのシャツやバーバリーのハンドバッグをみせてくれる人びとに遭遇すると、二〇代を貧乏な院生として過ごしたわたしよりも彼らのほうが、有名ブランド品と接した経験は多いのではないかと思うことさえある。大半のコピー商品や模造品に比べ、中古品はわずかに高かったり、少し前の流行品だったり、アフリカ市場向けにつくられた中国製品とは違い現地の嗜好性に即したデザインの品は希少だという難はある。それでもやはり品質や機能は圧倒的に優れているので、コストパフォーマンスは中古品のほうが良いとみな指摘する。

では、なぜ中古品ではなくコピーや模造品を買うのかと聞くと、消費者はみずからの買い物行動を「必要性」と「偶発性」の二つで説明する。前者は、たとえば、「来週から学校にあがる子どもの靴が必要だ」などの場合を指すが、ここでは「必要になったら購入する」よりも「必要に迫られるまで買わない」の意味合いが強い。タンザニアで商人たちは、雨が降ってから傘を売り始めるという。なぜなら、みな目の前の生活を成り立たせるのに必死で、いつ降るかわからない雨のために傘を前もって買う余裕などないし、必要に迫られないとカネを手放そうとしないからだと。

他方の後者は、「偶然に通りかかった行商人が持っていたブラウスが気に入ったから」など予定外の買い物を指す。いっけんすると、必要に迫られた消費と偶発的な消費は矛盾しているようにみえるが、計画的に買い物をしないという意味では、じつは同じ行動原理を示している。

この行動原理は金銭の多寡ではなく、Living for Todayに関係している。わたしが長年調査してきた古着行商人は、ベテランの商人であっても、一枚も売れなかった日と三〇枚以上売れた日とがあったし、すでに述べたように、日雇い労働や契約労働などは一カ月先に同じような仕事があるかどうかは極めて不確かだ。この過度な不安定さや先行きの不透明さは、買い物を先延ばしにして商品の購入代金を貯めることを困難にする。そのため、本来ならば中古品やオリジナル品を購入したいと考えていても、そのときの金銭的な都合で中国製のコピーや偽物を不本意ながら購入することも多々ある。と同時に、日雇い労働や零細自営業の手取りがふだんよりも多く、ポケットが温かいときには、そのときの金銭的余裕にちょうどみあった商品を衝動的に買うことも多いのである。彼らは、小銭は親族や友人に無心されたり、何となく使ってしまうことも多いので、現金をなるべく早くかたちとして残るモノに替えたいとも説明する。

＊だらだらとした衝動買いとコピー商品

実のところ、貧困国のタンザニアで意外に思われるかもしれないが、衝動買いのほうが

「必要に迫られて」よりもずっと多いのではないかと、わたしは推測している。それは、何よりタンザニアの都市労働人口の主流派が従事するインフォーマル経済の、約半数を占める行商や路上商売が、「衝動買い」をあてにして成立している事実による。市場やショッピングモールなどは実際に購入するかどうかはともかく、一応はショッピングを目的として出かける場所である。一方、路上商売は、通勤などによく使われる道路やバス停、渋滞が発生しがちな交差路などで、ショッピングを企図していない消費者にモノを買わせる商形態である。『無印都市の社会学』(法律文化社、二〇一三年)の序章で近森高明氏は、コンビニやドラッグストアで買い物をする現代の「脱力した」消費のあり方をベンヤミンの〈気散じ〉という概念に着目して論じているが、安価な中国製品を商う露店や路上商人がひしめく路上空間も、わたしたちにとってのコンビニと同じように、タンザニアの人びとにとっては日常に埋め込まれた「だらだらした消費」の空間でもある。欲求がひっきりなしに刺激され、何となく欲しいような気がして買ってしまう。それなりに満たされるし、ふとむなしくなるときもある……。

また、オフィスや自宅に商品を宅配する行商は、買い物に行く時間のない労働者や家を空けられない女性の便宜に合致したサーヴィスではあるのだが、注文品を届けに行くよりも、

「押し売り」に出向く回数のほうがずっと多い。一度でも商品を購入すると自宅に届くようになる通販カタログのように、行商人も一度でも買ってくれた客のところには頻繁に押しかけていくし、アマゾンの「○○さんへのおすすめ」と同様に、消費者の嗜好性や必要性を予想した商品をそろえて見せに行くことになる。ここで、必要に迫られた消費と偶発的な消費はときに一致する。なぜなら急に欲しくなった商品のなかには、計画的に購入を先延ばしにしてきたわけではないが、思い起こしてみれば、たまたま必要に迫られなかったせいで先延ばしにしていた「欲しかった商品」が含まれているからだ。

こうした消費者の購買行動は、消費者と直接的に交渉する路上商人や行商人だけでなく、彼らに商品を卸す小売店主や卸売商、さらには中国に商品を買いつけに向かう輸入商も理解しており、それに即した商売戦略を採っている。まず、消費者が必要に迫られるまでモノを買わないのだとすると、商品の価格は消費者の平均的な購買力ではなく、緊急時でも出せる／出してもいいと思える価格に照準を合わせることになる。このことは模造品やコピー商品か本物かにかかわらず、もう少し余裕があるときならば買わないだろう粗悪品が蔓延する市場を生み出す結果にもつながっている。おそらく、日本製品について「そこまで高品質でなくてもいいから、もう少しだけ安くしてくれたら買うのに」というタンザニアの消費者の言葉は本心だ——ただし、実際にモノを買う必要に迫られたときに同じように思うかどうかは別の話だ——。

＊「使い捨て文化」をどう捉えるか

偶発的な消費にも安さは不可欠だが、それだけではモノを買わせることはできない。この消費は、「何となく欲しい」「いま買わないと、もう買う気にならないかもしれない」「このときを逃したら、二度と手に入らないかもしれない」という買い物衝動をあおる必要がある。第三章で、アジア製品の交易人や商店主たちが、クペレンバという仕入れ戦略を採りながら、仕入れる商品の多様化を図り、また信用取引を駆使してビジネスを早く回転させようとしているることを説明した。彼らがロゴやブランド名のスペル、デザインをわずかに違えたさまざまな模造品や粗悪品をそろえ、それをスピーディに売りさばこうとするのは、必ずしも「騙し」を目的としたものではなく、こうした消費者の買い物衝動を促進するうえで効果的だからでもある。

タンザニアの人びとは、貧しい自分たちの消費行動を巧みに捉えて浸透するコピーや模造品が、購入しては壊れ、また同じものを購入する羽目になるといった「使い捨て文化」を生み出していることについて、まるでモノに自分たちの生活がコントロールされているようだと不満を言う。けれども同時に、粗悪品市場だからこその楽しみ方もあるようだ。

帰国日に、ブクワの息子がわたしをバス停まで見送りに行くと言い張った。道すがら、ヘッドホン型のラジオが欲しいと耳打ちされる。いくらかと尋ねると、三〇万シリングととんでもない値段を言う。聞こえていたらしいブクワは、「客人じゃなく父親の稼ぎを考えてものを言え」と雷を落としたが、ラジオがいかにカッコいいかを説明する息子の話を聞くうちに、ブクワ自身も欲しくなったようだ。「それならコピーを買ってもらえ。どうせすぐに飽きるんだから。それで次にサヤカが来たときには、ラジオは壊れたといって、また違うのを買ってもらえ」という父子の内緒話を、わたしはしかと聞いた。

長持ちしない安物なら、遊び心あふれる商品やすぐに飽きる奇抜な商品を購入してもいい。最貧国の一つに数えられるタンザニアで、遊び心やウイットにあふれたモノはいまを楽しむことを可能にしているとみるか、モノに生活をコントロールされるジレンマを生み出しているとみるかで、模造品やコピー商品の道義的な合法性と違法性との境界はまた動くだろう。

＊アフリカン・ドリーム？

わたしが二〇〇二年から二〇〇四年にタンザニアのムワンザ市の路上で参与観察として古着の行商をしていたとき、多くのタンザニア人にとってアジア人の行商人は、思わず立ち止まって凝視するくらいには珍奇な存在であったようだ。しかし、二〇一〇年代になると、タンザニアの首座都市ダルエスサラームだけでなく、わたしが調査をしていたムワンザ市やアルーシャ市などの地方拠点都市でも中国系の商店が開店しはじめ、さらに路上商売や行商などの零細商売をおこなう中国系商人までもが現れた。わたしの友人はケータイ・カメラで撮影したのだと、道ばたで焼きトウモロコシを販売しているアジア系の若い男性の写真や、混雑した商店街で婦人靴を路上販売するアジア系の若い女性の写真を見せ、「サヤカもいまなら行商しても別に驚かれないね」と冗談めかして言った。

中国系住民は、アラブ系住民とインド・パキスタン系住民と並ぶタンザニアの三大アジア系移民の一つであり、かねてより中華レストランや漢方薬局・病院、あるいは中国が請け負った道路敷設工事などに従事する一定規模のコミュニティが存在していた。タンザニアへの中国人の移住はドイツ植民地期にまでさかのぼるが、特に独立後に社会主義体制を布《し》いたタ

中国製品の席巻はタンザニアだけではない。写真は中国製衣料品であふれるカンパラ市のマーケット

ンザニアと中国とは複雑な友好関係を築いてきた。中国政府は一九七〇年代にタンザニアとザンビアを結ぶ鉄道（タンザン鉄道）の建設に巨額の財政的・技術的支援をおこない、二万人におよぶ中国人労働者を投入した。そのなかには、敷設工事が終わった後にもタンザニアに居残り、タンザニア国籍を得た者もいた。八〇年代半ばの貿易自由化と経済自由化を経て、九〇年代の民営化の推進と積極的な外国投資の誘致を背景に、中国系企業は食品加工から建設業、流通業までさまざまな分野に進出していった。二〇〇〇年代には、セルジュ・ミッシェルとミッシェル・ブーレ著『アフリカを食い荒ら

す中国』（河出書房新社、二〇〇九年）をはじめ、中国によるアフリカ進出をセンセーショナルに伝える著作があふれるようになり、とりわけ手段を選ばない「資源外交」が盛んに取り上げられるようになった。

だが、本書の問題意識において興味ぶかいのは、上述したタンザニアにおける中国系「インフォーマルセクター」の出現である。

卸売店や小売店ならともかく、中国系の行商人や路上商人がいるのだと最初に耳にしたとき、わたしはにわかには信じられなかった。タンザニアは国連が定める後発開発途上国四八カ国の一つであり、国際通貨基金（ＩＭＦ）が発表した「一人当たりの購買力平価ＧＤＰ」で一八九カ国中一五五位の貧困国である（二〇一六年四月一三日調べ）。たしかにアフリカはこれから経済成長が見込まれる大陸ではあるが、外国から不法労働者が押し寄せる場所はもはや先進諸国に限定されないのだと知った衝撃は大きかった。もちろん中国系商人の多くは、行商や路上商売をすることを企図してタンザニアに来たわけではない。先に移住した親族や友人を頼って、おそらく最初は商店やレストランの従業員などをしたりしながら、自分の人生を模索するようになっただけなのだろう。

中国系の路上商人や行商人はその後、現地メディアで盛んに取り上げられるようになる。

二〇一三年八月一五日のIPSメディアでは、中国系の零細商人の急増について次のような報道がなされた（注11）。記者は、ダルエスサラーム市最大の商業地区カリアコーが急速に「チャイナ・タウン」化しつつあることに触れて、現地のアフリカ系零細商人の次のような言葉を取り上げている。

「世界はラフでタフなものだ。われわれの多くが、賢そうな外国人商人と競争することができないことは自明だ。政府はわれわれ（自国の零細商人）を保護すべきだ」

二〇〇〇年前後から中国へ渡航してさまざまな商品を輸入することで成功したアフリカ系商人たちとは異なり、現在、中国に向かう零細商人たちの最大のライバルは、中国系の零細商人たちである。彼らが直接、タンザニアに商品を輸入し、さらに現地で卸売りから小売りまでを担ってしまったら、タンザニアの零細商人のニッチがなくなってしまう。

同メディアによると、ダルエスサラーム市当局は一〇万人以上の外国籍の不法労働者がいると推計しているという。政府機関であるタンザニア投資センターは、タンザニアに投資する資格を得るためには、株主の過半数がタンザニア市民のプロジェクトであっても一〇万ドル、株主の過半数が非タンザニア人では三〇万ドルの最低投資額が必要であると定めている。カリアコーでキッチン用品から電化製品までを販売する中国系商人たちの多くは、この最低限の初期投資を持たない零細商人であるという。メディアのインタビューに応えた中国系商人は語る。

「わたしはここにいることをとても誇りに思っている。なぜならば、それがわたしにとってカネを稼ぎ、われわれの文化のショーケースを見せる唯一の機会だから……」

この日の報道では、中国系商人が偽造品を市場に氾濫させている問題も議論されていた。当然のことながら、政府関係者は偽造品を――知的財産権保護というよりも主に現地産業の保護・振興の観点から――問題視し、それらの商品の輸入を取り締まる法的な手段を講じる必要性を指摘している。そして、中国系商人は母国の家族を支援し中国経済に間接的に寄与する人びとであり、タンザニアの経済に貢献する人びとではないこと、競争原理によりタンザニアの中小・零細企業の成長が起きると想定するには現地企業はあまりに脆弱《ぜいじゃく》であることを指摘する、ムズンベ大学の経済学者ンゴウィ教授の意見を取り上げ、「もしわれわれが注意深くなければ最終的には敗者になるだろう。なぜなら中国系商人が第三世界を、それ以外の場所では認められない商品の実験場にしようとしているから」という言葉で締めくくっている。

だが上述したように、タンザニアの消費者にとってコピー商品や偽物は、グローバル経済の中心地の流行や便利さを不十分なりにも獲得するために必要なモノでもある。そしてタンザニアの一般市民が感じる「中国の脅威」は、マクロな経済を想定したときのものとはずいぶん異なっている。

＊中国系商人とコピー商品

先に述べた通り、タンザニアの消費者たちはコピー商品や偽物はただ粗悪なだけでなく詐術も交じっている、あるいは中国製品に自分たちの消費行動が左右されているという認識を少なからず持っている。このような認識は、中国人に対する否定的なイメージの醸成につながっている。

もともと一部のエリートを除くタンザニア人は、三大アジア系移民のなかでも中国系移民に対して良い印象を語らない傾向にあった。ただそれは、移住歴が長くてもスワヒリ語を話さないとか、通婚が少ないなどを根拠とした彼らのアフリカ系との関係の築き方に対する批判で構成されていた。しかし二〇〇〇年代以降に中国製品が急増した後は、中国人自体が「コピー商品や偽物」と同じイメージで語られるようになった。たとえば、流行語となった「まがいもの」を意味するチャカチュアに、人称詞を示す接頭辞 *m* をつけたムチャカチュアは、中国人の隠語として流通している。そして、このような用語で呼ばれる際の中国人のイメージには「いい加減」「信用ならない」などの非難を含んでいる。

だが考えてみると、これは不思議なことである。オリジナルを真似た製品をつくる行為は、業界用語で「クブンバ *kuvumba*」と呼ばれ、タンザニアのインフォーマル経済でも広く観察される。家具職人はインターネットの画像を参考に、新しい家具のデザインを考える。わたしが長年調査してきた古着商人は、欧米のミュージックビデオやファッション雑誌を参考にして売り物にならない古着に手を加え、それに「J－Lo（ジェニファー・ロペス）」などの銘柄をつけて販売するし、安価な古着から本物の商標ラベルを切り離し、新品のコピー衣類に付け替えて本物のブランド品と騙《かた》って販売する者もいる。海賊版ＤＶＤはタンザニアでも生産されているし、第三章の事例のブクワも試みようとしたように、近年ではインターネットから音楽や画像を違法にダウンロードするサービス業が流行している。路上を歩けば、「どんな印章でも彫れる」と豪語する印鑑職人も、どんな書類でも詮索せずに作成してくれる有能なタイプライティング業者も見つけられる。

友人たちはわたしが毎年、社会科学庁で三五〇ドルを支払って調査許可書の更新をおこない、社会科学庁から各州、州から各県、県から各都市の担当官へとレターを届けてまわるというプロセスを繰り返すのを横目でみながら、そんな紙きれ一枚なら道端で数時間・数十ドルで偽造できるのにと笑う。もちろん外国人のわたしはそのような危ない橋を渡ったことはないが、彼らは営業許可証や運転免許証からビジネスの契約書、小規模金融から融資を受けるのに必要な居住証明書まで、あらゆる偽造文書をインフォーマルな手段で手に入れることができる。

現地の製造業者や商人がクブンバした商品の銘柄も著名な企業の名前に類似している。そもそもインフォーマル経済において「会社」や「ブランド」の名前などは思いつきのその場限りの産物である。あるときに調査に協力してくれた路上の家具職人に謝金を払い、領収書にサインを求めると、彼は既定のフォーマットの職業（会社名）の欄をみて困った顔をする。「家具職人と書いてくれれば十分よ」と言ったのだが、手渡された領収書には「サンシャイン・エンタープライズ・技師長」とたいそうな肩書が書かれていた。「企業登録しているの？」と驚くと、「だって外国人は俺らのことをジュア・カリ *Jua Kali*（〃日差しの強い太陽〃という意味のスワヒリ語で、屋外で働く零細製造業者を指す）と呼ぶんだろ。かっこよく英語にしてみたけど、ダメか？」と返された。現地で製造した自動車部品のスペアに「トヨタ」と焼印をつけたり、うっかり「オオサカ」とつけたりするのも深い意味がない場合が多い。技術や流通規模に違いはあっても、行為自体は中国の製造業者と基本的に変わらないし、現地のコピー商品もたいてい粗悪である。

だがタンザニアの人びとは、これら現地の業者や商人の行為を、不確実な都市で生計を立てるために不可欠な創意工夫とみなし、クブンバされた商品を購入しても目利きに失敗しただけだと済ませがちである。研究者もこれらの行為の大半を身近に手に入るモノで代替するブリコラージュ、生き抜き戦術として好意的に論じてきた。

＊顔のみえる範囲とインフォーマル性

ではなぜ、中国人の同じ行為は非難されるのか。わたしはここにこそ、インフォーマル経済の道義的な違法性と合法性との境界を考えるうえで重要な手がかりがあると考えている。

消費者にその理由を尋ねたときの返答はさまざまだが、主張自体は二つに大別できた。第一に、「中国人は販売相手に合わせて商品の品質を変えている」が、「異なる品質の商品の売り方が道義に反している」というものだ。この主張を裏付ける根拠は、先進諸国から輸入された中古品のなかにも「メイド・イン・チャイナ」のラベルが貼られたものがあるが、それはタンザニアで売られている新品の中国製品よりも品質が良いという経験から導き出されている。彼らは、中国人はタンザニア人とは異なり、品質・機能の優れた製品を製造できる技能があるにもかかわらず、自分たち「第三諸国」の住民には、わざと手抜きした商品を売って不当に儲けていると主張する。経済学的には購買力に合わせ異なる商品を製造・販売する行為は当然のことだが、現地のインフォーマル経済では必ずしもそうではないからだ。

たとえば、現地の零細製造業者は、クブンバした商品をオリジナルと偽って売ることもあるが、貧者と富者の両方に販売するか、懐が痛まない金持ちをターゲットにしがちである。零細商人には、金持ちには高値で、貧者には安値で販売する基本姿勢がある——これを零細商人たちは「リジキ（食い扶持）を判断する／分け合う」と表現する（注12）。それゆえ、先進諸国の豊かな消費者向けに本物や良品を販売し、貧しい諸国向けに偽物や粗悪品を販売するのは経済的に合理的でも、公正ではないのである。

第二の返答は、模倣や詐術自体は悪いことではないが、中国人は「やりすぎだ」と主張するものである。たとえば、アルーシャ市の家具職人たちは、自分たちのペテンと中国人のペテンの違いを次のように説明した。

「耐久性の求められる家具は、ムニンガ *Pterocarpus Angolensis* という硬質な在来種の木材で製作されていた。乱伐により希少となったため、家具職人たちはそれ以外の硬質な木材で家具を製造し、ムニンガと同じ赤茶色に塗装して販売する詐術を駆使するようになった。人びとは良い家具＝ムニンガのイメージを持っているので、ほかの木材では高く売れないからだ。最近、中国製の安価な輸入家具が急速に普及した。輸入家具もムニンガと同じ赤茶色をしている。だが中国製の家具は、軟質の安い木材を使用しているので一カ月もしないで壊れる。消費者は見た目の良さに騙されて中国製品を買う。だが自分たちにはこの手口は使えない。消費者は中国に文句を言いには行けないが、自分たちにはクレームが押し寄せるからだ」

この説明の要点は、タンザニアで製造しうるコピー商品や偽物は、販売した消費者が「これくらいは許してくれるだろう」とみなす範囲において無限ではないが、空間的に離れた中国人なら限度を超えた詐術を駆使できるというものだ。

顔のみえる現地の製造業者ならば、彼／彼女はいまだ零細業者である、自分と同じ貧しい住民であるなどの事実から、彼／彼女が「詐術」により得たであろう利益は暴利ではなく、困難な都市生活を生き延びるうえで必要なものかもしれないと想像することが可能である。

しかし顔のみえない中国の製造業者が同じ行為をすれば、道義的な合法性と違法性はつねに疑問を持たれることである。

このように考えてみると、上述したタンザニアにおける中国系商人の増加、とりわけタンザニアのインフォーマル経済に近しい形態で商売をする人びとの増加は、タンザニアの人びとに中国やグローバルな経済に対する新しい認識を生み出す機会を提供するとも考えられる。

先に取り上げたメディアに応えた別の中国系商人は、中国人がローカル市場に偽造品を氾濫させ、現地の人びとのビジネスを奪っているという広く普及している意見を退け、市場は需要と供給の原理で動いていると述べる。「われわれはいかなる法律も破っていないので、誰もわれわれを嫌う理由などない。われわれはたんにビジネスをしているだけなのだ」と。知的財産権の問題や政府の定めた投資基準などをわきにおけば、彼らのしていることは確かにただのインフォーマル・ビジネスである。ただ今後、彼らが現地の消費者や商人と対面交渉を通じて渡り歩いていくなかで、彼らのビジネスは法ではなく現地の人びとの「道義性」に規定されていくだろう。その道義性は、モノそのものではなく、それを販売する人びとのその日その日を生きぬく必要性を根拠とするものだ。

わたしは、下からのグローバル化の興味ぶかい点は、上からのグローバル化との関係をめぐる論点だけでなく、下からのグローバル化を構成する人びとのあいだにある文化的な多様性や経済的な力の不均衡が、いかに折衝されながら、アナーキーでありつつも「法的には違反しているが道義的には許せる」第三の空間を創出していくかにあると考えている。

(注1) Ribeiro, 2012. Conclusion: Globalization from Below and the Non-hegemonic World-system. in G. Mathews, G. L. Ribeiro and C. A. Vega. (eds.) *Globalization from Below: The World's Other Economy*. London and New York: Routledge. p.222.

(注2) Hennessey, W. 2012. Deconstructing Shanzhai-China's Copycat Counterculture: Catch Me If You Can. *Cambell Law Review,* Vol.34, 3: 609–660. G. Mathews, G. Ribeiro and C. A. Vega (eds.) 2012 Globalization from below: The World's Other Economy. London and New York: Routledge. Lin, Y-C, J. 2011 FAKE STUFF: China and the Rise of Counterfeit Goods. New York, Routledge. 他。

(注3) Jiang, L. 2014. Call for Copy-The Culture of Counterfeit in China. Journal of Chinese Economics, Vol.2, No.2; pp.73–78.

(注4) 丸川知雄『チャイニーズ・ドリーム――大衆資本主義が世界を変える』ちくま新書、二〇一三年。

(注5) 注2に同じ。

(注6) Hennessey, W. 2012. Deconstructing Shanzhai-China's Copycat Counterculture: Catch Me

If You Can. Campbell Law Review, Vol.34, Issue 3, pp.609–660.

（注7）注3に同じ、五七―九三頁。

（注8）阿甘『中国モノマネ工場』（徐航明、永井麻生子訳／生島大嗣監修）日経BP社、二〇一一年、九六頁。

（注9）注8と同じ、一〇五頁。

（注10）ただし、近年では山寨市場は急激に変化しているとされる。二〇一二年頃にはすでに深圳の華強北路（ファーチャンペー）に集まっていた零細山寨企業が衰退しつつあるようだ。山寨企業から正規ブランド企業へと華麗に転身を果たした企業もあるものの、低価格のスマートフォンを出す中国ブランド企業に勝てなくなりつつあるという。ただし、山寨企業があつかう製品は携帯である必要はないのも事実だ。それも「試しにやっている」だけなのだから。

（注11）http://www.ipsnews.net/2013/08/tanzanian-traders-seek-rescue-from-chinese/

（注12）小川さやか『都市を生きぬくための狡知――タンザニアの零細商人マチンガの民族誌』世界思想社、二〇一一年、一五六―一六三頁。

第六章　〈借り〉を回すしくみと海賊的システム

Living for Todayというと、どのような生き方を想像するであろう。何にも縛られない自律的、自由な生き方だろうか。みなで助け合って支え合う生き方だろうか。本章では、資本主義社会において、他人に借りをつくることを嫌い、誰の世話にもならずに生きていることを賛美し、自律的に生きていると錯覚している現代人を批判した議論をLiving for Todayの観点から再考する。

＊〈借り〉の哲学

フランスの哲学者ナタリー・サルトゥー＝ラジュは、『借りの哲学』（太田出版、二〇一四年）において、自律的な主体観のもとで否定された〈借り〉の復権を唱えた（注1）。興味ぶかい議論なので少し詳しく紹介したい。

サルトゥー＝ラジュは、まず贈与と借りの関係を大胆に整理することから始める。贈与論においては、大きく次の二つが対立している。

（1）贈与をする側に返礼がある、返礼への期待があるならば贈与ではない

（2）贈与をする側が返礼を求めるのが贈与である

このうち（1）は、哲学者を中心とした議論であり、（2）はマルセル・モース以降の社会学的、人類学的な議論であるとする（注2）。彼女は、〈借り〉を上位に設定することでこの対立を止揚する。つまり、贈与をする側が返礼を求めようが求めまいが、贈与された側には〈借り〉が生じると（注3）。〈借り〉には、等価交換可能な貨幣に置換できる「負債」と、心理的な負い目や恩の「負債」の両方がある。これを前提として、彼女は次の論を展開する。

かつてモノやカネを借りて返せないことは、自由を差し出し、相手に文字通り隷属することを意味する恐ろしい事態だった。資本主義経済が発達し、あらゆるモノが貨幣に置き換えられていくと、人は債務を負っても、すぐに市場で労働を貨幣に換えて、負債を支払うことができるようになった。何事もカネでカタをつける方法が一般化したので、「恩」や「負い目」などの〈借り〉をつくらずに済むようになった。資本主義経済は、社会のしがらみから人びとを解き放ち、あたかも自律的に生きることができるという錯覚をもたらしたのだ。

しかし資本主義経済は実際には、クレジットカードを使ったり、住宅ローンを組んだりといった新たな「負債」を生み出した。ここでの自由や自律はカネによって成立している。カネがない人は負債を支払えないし、かといって「自律」的主体観に価値をおくようになった社会にいまさら頼ることもできず、結果として、人びとはより大きな苦しみを味わうようになった。いまこそ資本主義が排除しようとした〈借り〉の概念を復活させる必要がある。

ここで、彼女はまず人間は生まれながらにしてそもそも〈借り〉を負っており、生きることは〈借り〉をつくることであり、人間はどうあがいても〈借り〉からは逃れられないことを認める必要があると論じる。そのうえで、〈借り〉の正の側面を生かし、「過度な負い目を与える」負の側面をコントロールすることが可能な「返さなくてもよい〈借り〉」を中心としたシステムを構築する必要があると主張する。

同書を通じて批判される〈借り〉が贈与を通じて不健全に機能する「負」の側面は、以下の三つに整理できる。第一と第二は、『ヴェニスの商人』に登場する、シャイロックとアントーニオそれぞれが体現する、贈与による「支配—従属」関係である。シェイクスピアの戯曲において、「返済できなければ、肉一ポンドを頂戴する」と迫る、高利貸しシャイロックは「負債」により相手の生殺与奪の権利を得ようとする悪玉だが、その要求を呑み、友のために借金の保証人になるアントーニオも名誉や感謝といった返済を期待しており、「負い目」で相手を支配しようとする点でシャイロックと同じ論理に立っている。「ＭＡＵＳＳ（社会学における反功利主義運動)」を推進するアラン・カイエを引いて述べるように、「投資して利益をあげ、利息を目的として金を貸す」だけの経済には〈贈与〉の概念が含まれていないが、「贈与されたほうに屈辱を与える」ということから、慈善などの一方的な〈贈与〉にも疑問が呈される（注4）。

第三に、モリエールの戯曲『ドン・ジュアン』の主人公、放蕩者《ほうとうもの》ジュアンが体現する〈借り〉の拒否である。これには、生まれながら〈借り〉や社会に対する〈借り〉の存在を認めない「〈借り〉の否認」と、〈借り〉を認めつつもそれを返すことを拒否する「〈借り〉からの逃走」の二つがあるとする。前者は、個人主義社会が理想とする「自律した人間（セルフ・メイドマン）」が採る態度だが、興味ぶかいことは、彼女はネットワーク社会の成立とともに後者の方法を採る「機会主義者」が出現したと指摘している点である。

機会主義者たちは独立独歩を理想とするセルフ・メイドマンとは違い、これといった信念がなく、既存の制度やしくみを利用しようとする。〈借り〉により他人に束縛されたくはないが、孤独に生きるのも嫌だと考えた彼らが殺到したのは、インターネット上のバーチャルな関係である。彼らはネット上から情報やアイデアを借りて自己利益に換えるが、それらを返す必要性がある〈借り〉だとは考えない。また、負債が発生しても、その支払いを他から

〈借り〉ることを繰り返し済ませていくことで〈借り〉から逃げ続ける。そのような態度から生まれたのが金融トレーダーであり、債務危機であると（注5）。

もちろん彼女の主張に反証事例を提示することはできる。世界各地の民族誌を紐解けば、借りを返せない者が奴隷にされる社会のほうが特殊で、借り手に過度な「負い目」を与えないような細やかな配慮がある社会や、〈借り〉の意義を残しつつ、〈借り〉と〈貸し〉が何らかのかたちで相殺されるようなしくみを持つ社会は存在してきたし、いまも存在している。また先進諸国でも、親子や友人関係など身近な関係における〈借り〉が失われたわけではない。そのため、彼女の問題提起とは、〈借り〉が「負債」として清算され、個々が自律した人間であると錯覚して生きるのではなく、誰もがお互いに〈借り〉があると感じながら、個々の能力に応じて〈借り〉を返しながら支え合う「社会システム」を資本主義経済に対抗していかに築くかにある。

彼女は、あらゆる人間が与えられたことに感謝し〈借り〉を感じながら〈借り〉を返し続けるシステムを、政府が補助的に介入することで、制度として創り上げていくべきだとしている（注6）。政府は各人の能力を正しく評価する制度や社会保障の充実などにより、〈借り〉が当たり前であることを前提として、誰もが負い目を負わずに社会から〈貸し〉を受けると同時に、誰もが負い目を負わずに社会に〈借り〉を返し続けることができるシステムをつくる。ここでは、富の分配、再分配を考慮した、収入制限や税制整備、利益追求の監督・制限なども政府の役割として挙げられている。これは制度設計主義的な社会民主主義の発想に基づいている。

本章では、タンザニアにおいて携帯電話（以下「携帯」と記す）の電子マネーの送金サービスを通じた金銭のやり取りが、それまでの人びとの貸し借りをめぐる関係性をいかに変化させたのかを検討していく。それを通じて、誰もが自分には〈借り〉があることを認めながら、ときにそれを「返さなくてもいい」しくみとはどのようなものかを考えたい。ただし、それはサルトゥー＝ラジュの想像する世界とはずいぶん異なっている。

その前に、本章が電子マネーを通じた金銭的な貸し借りになぜ注目するのか、その狙いを説明するために、携帯と携帯を通じた送金システムが普及する以前の人びとの金銭の貸借について説明する。

＊「借り」から「負債」へ

かつてタンザニア都市部において金銭を借りることとは、返済できるかどうかが極めて不確かなものだった。都市部の友人関係では、比較的少額のカネは「助けてくれ *nisaidie*」「カンパしてくれ *nichangie*」と無心されていたが、「タダでくれ」とは言いにくい比較的大きな金額になると、「貸してくれ *unikopeshe*」と頼むことになった。しかし「助けてくれ」と「貸してくれ」は、実際にはあまり大きな違いはなかった。なぜなら、「もらったカネ」も、その後にうまく商売ができれば、「このあいだ助けてもらったカネを返す」などと自発的に返済されることがあった一方で、「借りたカネ」はそれを返すことができる状況にならなければ、返済されずにうやむやになったからである。借金を返せるかどうかは、不確実な零細自営業の結果しだいであったのだ。そのような状況での金銭の貸与は、贈与に近しいものだった。

タンザニアのムワンザ市で零細商人の商慣行の調査をおこなっていた二〇〇三年から二〇〇四年に、わたしは次のような事態によく遭遇した。

◆

わたしの調査助手ロバートはある日、幼なじみのアンリ（仮名）から親戚の葬式のために帰郷する費用を貸してほしいと頼まれた。ちょうどクリスマス前のかき入れ時で多くの売り上げを手にしていたロバートは、アンリに当時大金だった三万シリング（二〇〇三年当時、約三〇ドル）を貸与した。アンリはロバートから金を借りるときには「ムワンザ市に戻ってきたら必ず返す」と繰り返したが、いつまでも返しには来なかった。わたしはその後、ロバートが商売の浮き沈みにより生活費に困るたびに、なぜアンリに取り立てに行かないのかと尋ねた。だがロバートは、日々の生活費程度の不足では、決してアンリに返済を促しには行かなかった。

半年ほどして、首都で運転手をしていたロバートの兄が不可抗力で事故を起こし、示談のために緊急に送金する必要が生まれた。その知らせを受けたときに、ロバートはたまたま雑談をしていた隣人の運転手にお金を貸してほしいと頼んだ（もちろんわたしにも）。わたしはこのときも、新たな借金をつくるよりも、アンリに貸したお金を返してもらえばいいのではないかと言ったが、ロバートはそうはしなかった。

さらに数カ月が経過して、貸部屋業を営んでいたロバートの実家で水道管が破裂した。修理を頼みに街に出かけたときに、たまたまアンリと遭遇した。そのときに初めてロバートは、アンリに水道管が壊れて大変なのだと言って、修理費の足しとなる金銭を融通してもらった。この二人のやり取りにおいて、ロバートがかつて貸した三万シリングは話題に出なかった。

◆

都市部の貧しい若者たちの多くは、これまで述べてきたように、どんなに努力しても生計をうまく維持できない事態にしばしば見舞われた。彼らは頻繁にお金を貸し借りしていたが、この事例のロバートと同じように、自身が困ったときに、以前にお金を貸した相手から返済してもらうよりも、そのときに理解を得られそうな相手に新たな借金を申し込む傾向にあった。そのため、誰もが誰かに金銭を貸していると同時に、誰もが誰かに金銭を借りているという状況におかれていた。当時、わたしはなぜこのような事態が生じるのかが不思議でならなかった。

ただ、若者たちがカネを借りることを誰かに頼むよりも、貸したカネの返済を催促することのほうにより大きな心理的負担を感じていることは間違いなかった。彼らはカネを無心するときよりも、カネを返してもらうときのほうがずっと腰が重く、落ち着かない態度をとっていた。その理由はおそらく当時の貸し借りは、「顔を突き合わせておこなう説得」によっていたからである。

友人たちは、のっぴきならない状況に追い込まれて借金を頼むときには相手の気持ちを推し量る余裕は失われているし、意図せずとも、自身の表情が相手に助けてほしいと効果的に訴えてしまうから、それほど苦心して説得をしなくても済むとよく指摘した。言い方に語弊があるかもしれないが、追い詰められた側は、ある意味では自信をもって無心ができるのだ。それに対して自身はとくに困っていないが、ただ時間が経過したので借金の取り立てに行く場合、自発的に返しにこないのだから金銭に困っている可能性は高く、借金を抱えている人間の苦悩を感受して説得交渉に負けてしまうこともある。

つまり、貸したカネを返してもらうには、困難について本当のことを語るか否かは別として、「わたしはいままさに苦境に立たされている」と「それを解決しうる相手は、いままさに目の前にいるあなたしかいない」という二重の状況が必要であったのだ。事例に挙げたように、たまたま貸し手に困った事態が起きるだけでなく、困った事態が起きたときに誰が目の前にいるのかは偶発的なものである。そうであるからこそ「わたし自身の意志とは別に、運命／神様がそう決めたのだ」と、金銭の取り立てに関わる心理的負担を「状況」に転嫁することができたのだ。

また友人たちは、基本的に親族や友人間の貸し借りについて、金額や返済期限などを契約書のようなかたちで厳密に残しておくことはなかったし、それは相手に対する不信の表明として忌避される傾向にあった。それゆえ、かつての貸し手が困ったときに、かつての借り手に金銭を要求するときでも、彼らは改めて必要な額について交渉する傾向にあった。それは「負債」が返ってくるというより、新たに「借りをつくる」こと、すなわち贈与を繰り返すことに等しかった。

サルトゥー＝ラジュが述べるように、「借金」であろうと「贈与」であろうと、それが返されない限り、心理的な〈借り〉は残る。このようなやり取りで借りた金銭に言及するとき、友人たちは「金銭の負債」であるにもかかわらず、しばしば「心理的負債 *deni ya moyoni*」「愛情の負債 *deni ya upendo*」と表現した。つまり、彼らの関係性において残るのは〈借り〉だけであり、かつて貸したことのある人間は、自身に〈借り〉の感情を抱いているから、自分が困ったときには、いつでも助けを求められるという論理だけが機能した。このように自身に〈借り〉をもつ仲間を増やしていくと、長期的にみれば、困ったときに借りることができる「人生の保険 *bima kwa maisha*」が広がっていくことになる。

しかし、携帯の普及とそれを通じた画期的な送金サービスが普及した後には、こうした〈借り〉のいくらかが簡単に清算されうる状況になった。それでは、〈借り〉が「負債」として簡単に清算できるようになると、「自分は誰にも〈借り〉をもっていない」と錯覚できる自律的な人間を生み出すのだろうか。それを考察する前に、携帯を使った画期的な送金サービスについて説明しておきたい。

＊画期的な送金システム

携帯は、固定電話を持つ人口が限られていたアフリカにおいて爆発的に増加したBOP（低所得層向け）ビジネスだ。二〇〇〇年の時点では、アフリカ五三カ国をあわせて一五〇〇万件ほどであった契約数は、二〇一〇年では五億四〇〇〇万件近くにまで膨れ上がり、二〇〇五年から一〇年までの携帯加入者数の年平均増加率は、アフリカ全体で三一％にも及ぶという（注7）。また、二〇一〇年代には中国製携帯が普及し、スマートフォンが猛烈な勢いで浸透しつつある。

携帯の急速な普及は、間違いなく送金サービス「エム・ペサ」によって後押しされた。エム・ペサは、これまで銀行サービスにアクセスできなかった人びとがお金を安全かつ安価にやり取りする手段として、アフリカ諸国で急速に広まった送金サービスである（注8）。ケニアのサファリコム社が開発したサービスで、タンザニアでは二〇〇八年にヴォダコム（Vodacome）社により導入された。

具体的な方法は次の通りである。①送金したい者は、最寄りのエム・ペサ代理店に行き、現金を電子マネーに換えて、自身のエム・ペサ口座にチャージする。②送り先の携帯番号へと電子マネーを送る。③受け取った側は、最寄りのエム・ペサ代理店で電子マネーを現金化する。同様のサービスは、現在では、ヴォダコム社以外にも、ティゴ（Tigo）社やエアテル（Airtel）社など、タンザニアの主要なモバイル通信会社のすべてが実施している（各社

エム・ペサを扱う街中の店舗
(2015年7月)

で名称が異なるが、便宜的にエム・ペサと呼ぶ)。

エム・ペサの送金システムは、出稼ぎ民が大半を占める都市部の若者たちにとって、故郷の村に残してきた両親や妻子に仕送りをする際の画期的なサービスとなった。どこが画期的なのかを説明したい。

かつて送金は、貸したカネの返済と同じくらい、あるいはそれ以上に時間がかかり、また不確かなことだった。銀行口座を持たなくても都市部と都市部のあいだの送金はウエスタンユニオン(世界最大手の国際送金会社)や郵便局の窓口を通じておこなうことができたが、銀行すらない地方の農村にウエスタンユニオンはなかったし、郵便による送金も届かないことが多々あった——第一、ポストを持っている人が少なかった。

若者たちが採用していた最も一般的な方法は、ある程度のまとまった金銭が貯まったら、近々村に帰る同郷の知り合いを探し出し、手紙とともに彼らに金銭を託す方法だった。携帯が普及した後は、あらかじめ故郷の家族にバス停で待つように電話し、故郷へと向かう長距離バスの運転手やコンダクターに手紙とお金を届けてもらう方法が広く採用されるようになった。主要な長距離バス会社は故郷への送金を受け付ける窓口を設けていた。ただし、この方法でも間違った相手に届けられるリスクが伴い、何より病気や事故などの緊急を要する事

ムワンザ市のケモンドーの若者たち。ケータイは肌身離さず、首からかける（2014年）

態に間に合わないことも多かった。

　エム・ペサの送金サービスは、まず時間の問題を一挙に解決した。銀行送金やウエスタンユニオンとは異なり、エム・ペサでは、一〇〇〇シリング以下（二〇一六年九月現在一ドル＝二一七七シリング）という少額でも送金できるので、そのつどの手持ちを送ることができる。家族らから知らせを受けた者が近くの代理店に駆け込み、受け取りのお礼がくるまでに要する時間は一〇分もかからない。

　さらにエム・ペサは、送金に伴う不確実性も解消した。二〇一〇年からＳＩＭカードの購入には、身分証のコピーの提出が義務付けられた。携帯口座は、携帯のロック機能と口座のパスワードで二重に防御されており、送金の際には相手のフルネームが表示される。万が一、誤った番号に送金しても、代理店に電話すれば、すぐに送金を止めてもらえるのだ。

銀行口座を持っている友人たちも、給与の一部を電子マネー化して携帯口座に入れておくようにしている。銀行口座からエム・ペサ口座への振り込みも、登録すれば、銀行に出向くことなく、携帯のメニュー操作で簡単にできる。大都会の銀行はたいてい混雑しており、小一時間も並ばなければならない。地方都市では取引している銀行のATMがないことも多い。それに対してエム・ペサ代理店は、どんなに奥地の農村部でもあるので、地方への出張があっても大金を持ち歩くことなく、必要なときに必要な分だけを現金化することができる。さらに近年では、銀行ATMからエム・ペサ口座の現金を引き出すこともできるようになった。

もちろんエム・ペサを通じてショッピングもできる。特にティゴ社は率先して、エム・ペサのクレジットカード化を推進しており、各都市の商店では「ここで払えます」といったティゴ社の看板が掲げられている。さらに金銭が足りないときは誰かに電話して送金してもらえばよいため、エム・ペサはタンザニアの人びとにとって、個人ベースの「おサイフケータイ」以上の便利さを発揮している。

以上で説明したように、エム・ペサはタンザニアの人びとに多大な便宜をもたらした。しかし、金銭のやり取りが容易になることは必ずしも都合が良いことばかりではない。

＊無心や返済を拒否する状況の喪失

二〇一五年二月と八月に、アルーシャ市において、携帯やエム・ペサが普及したことでどんな利益と不利益があったのかを、道端でコーヒーや生姜湯《しょうがゆ》を販売している「青空カフェ *kijiweni*」を回り、居合わせた人びとと議論することで聞き取りした（合計一一四人）。

携帯／エム・ペサの良い点は、前述した通りである。悪い点は万国共通だ。通話料による生活費の圧迫に始まり、「パートナーの携帯を盗み見ることで、浮気しているのではないかとけんかが絶えない」や「中学生の娘が彼氏から携帯をプレゼントされて夜中に隠れて電話をしている」「息子がゲームばかりして勉強しない」、さらには友人とのＳＮＳのためにスマホが手放せないといった携帯依存に至るまで、わたしは聞き取りのあいだ「日本も同じよ」と何度も叫んだ。ただし、みなが最も多く指摘した問題、「無心が頻繁になった／断りづらくなった」だけは日本にはない話だ。たとえば、人びとは次のように語った。

「家族への送金なんて、携帯がなかった頃は一年にせいぜい数回だった。人びとはよく連絡がとりあえなくなったものだ。妻子がいない若者は自分の生活を十分に確立するまで送金なんてしなかった。いまは月に何回も送る。ひどいときには、朝に連絡があり、昼に送り、夜になると『足りない』ってさ」（理髪店主、男性、三〇代前半）

「何か困った事態が起きた友人から『五万シリングを貸してくれないか』と頼まれる。そこで『いまは手持ちがないから、ちょっと待ってくれないか』と返事をする。以前なら、それからしばらくは催促の電話がかかってこなかった。しかし、いまでは『少し待ってくれ』と言えば『じゃあ、一万でも五〇〇〇でもいいから、とりあえず、いま持っているカネを送ってくれ』と頼まれる。まったくカネがないってことはないので、結局、金を送ることになる」（商店主、男性、三〇代後半）

同じく、かつてうやむやになった借金の返済も同じように迫られることになった。

「わたしは、二人の息子の学費をボスから借りた。長男の学費を借りたときには、先延ばしすることができたし、その時々でボスに言われたときに返したり返さなかったり。

こちらから返したこともあったけど、別の用件でまた貸してもらったりもしたし、結局、いくら返したのかはよくわからない。でも次男のときは、返す日が決められて『まだ返せない』と言うと『じゃあ、すぐに誰かに送ってもらうよう頼め』と言われるようになった」（窓枠職人、男性、四〇代後半）

このように聞き取り対象者は、エム・ペサを通じて簡単に送金ができるようになった結果、かつてならば、用立てるかを熟考したり、断ることができた無心や、先延ばしにしたり、うやむやにできた借金の返済に、即時的に応じなくてはならなくなったと語った。その理由は何より、彼らが無心や借金の返済の催促の際に頼りにしていた「わたしの意志としては応じたいが、状況がそれを許さない」という説明が成り立たなくなったからである。

それでは、このような携帯を通じた頻繁な金銭のやり取りは、彼らの社会関係をどのように変化させたのだろうか。

＊小さな贈与と返済猶予時間

携帯やエム・ペサにより生じた頻繁な無心や借金の督促に、人びとがいかに対処しているかを聞き取りした。そこで提示された解決策は二つある。

第一に、「借金」を小さな単位の贈与へと分割していくことである。わたしの友人たちはかつて二種類の金のやり取りをしていた。一つは、病気や事故、葬式など、不測の事態における高額なやり取りで、〈借り〉の感情を生み出す類のものだ。もう一つは、〈借り〉をそれほど意識させない「小銭の回し合い」である。かつては周りに居合わせた数人の仲間にカンパを募っても「一回の食費」程度しか集まらなかった。しかし、携帯やインターネットは、必要なときにカンパを募ることができる仲間の数を一気に増加させた。

◆

二〇代の青年は、夕方仕事が終わると六〇人以上もの友だちとチャットをするのが日課だ。彼はある日、バスでドドマ市に向かう途中に盗まれたのか、バスを降りたときに財布がなくなっていることに気づいた。彼はチャットで「やばいよ、ドドマに着いたんだけど、財布をすられたみたいだ」とつぶやいた。すぐに「うわあああ」「かわいそうに」などと返答がくる。ほかに何もすることがないので、彼は降りたバス停で「今夜はバスに潜り込んで寝るしかないか」「帰りのバス賃、どうしよう」などとつぶやいていたところ、チャットをしていた仲間から「運が悪かったな」と、数百シリング単位の通信料が転送されてきた。パケットの上限まで粘った結果、彼は宿代とバス賃に相当する通信料を手に入れた。それをバス停で乗客らと交渉して、現金に換えて事なきを得たという。

◆

彼は、「昔だったらバス停で頭を抱えて夜を明かしたし、ドドマ市には大金を貸してくれるような知り合いもいないから、大変なことになった」と語った。類似の意見として、長距離トラックの荷降ろしをしている二〇代前半の若者は、五〇人くらいにカンパを募るメールを送ると、五万シリング（一万シリング＝約五ドル）くらいなら余裕で集まるようになったため、返済の義務をともなう借金じたいをしなくなったと述べた。

第二の解決策は、「返さなくてもいい」時間を、送金システムを使って創り出すことである。返済の催促をされても金がない場合、多くの人びとは親族や友人に電話して「借金の返済を迫られたので貸してほしい」と頼む。そしてその親族や友人から借金の返済を迫られたときにやっぱり金がなかったら、別の親族や友人から借りて返すことになる。つまり、AはBから借りた金をCから借りて返し、Cから借りた金をDから借りて返すという自転車操業をすることで、「返済をしないでいられる時間」を引き延ばすのである。この借金の返済猶予は彼／彼女がもつ貸し借り関係の数だけ長くなり、負債を返済された人間がふたたび貸してくれれば、理論上は無限に引き延ばせることになる。

この方法で注目すべきことは、この間に一度も電子マネーを現金化しない者がいる点である。つまり、AはBから借金返済の催促があったときに、Cから送金された電子マネーをそのままBに転送する。Cから借金返済の催促があったときにはDからの電子マネーをCに転送する……を繰り返すだけなので、Aは返済の猶予時間を稼いでいる間、一度も現金を手にせずに、携帯のボタン操作のみで、右から左へと「数字」を移動させているだけとなる。

さて、これらの「〈借り〉を返さなくてもいい」システムは、ナタリー・サルトゥー＝ラジュが批判した、わたしたちが誰にも〈借り〉をつくらずに生きていると錯覚することを可能とするシステムと似ている。つまり、ネット社会に参入した現代人が、機会主義的に利益を獲得したり、負債が発生してもほかから繰り返し借りて済ませることで、借りから逃げ続けていく方法である。

では、ネットワーク社会においてカンパを頼ったり、「右から左へ」と数字を移動させることで負債をやりくりするようになったりすると、〈借り〉の世界は失われるのだろうか。

＊携帯を使った詐欺

携帯の問題を話し始めると、どこの青空カフェでも必ず「携帯は嘘をつくことを容易にした」と指摘する者がいた。なかには手の込んだものもある。第一の解決策、インターネットのカンパを応用した詐欺について、次の話を聞いた。

ある青年は、バイク・タクシーの事故に遭い、大怪我をした。包帯で全身を巻かれた痛々しい写真は、メールやSNSを通じて拡散した。それを見た者たちはみな同情して、彼に小銭を送った。だが、青年は気づいてしまった。カンパで集まる金は肉体労働をするよりもずっと多いと。彼は怪我が治っても包帯を取らず、病を詐称して働くことをやめた。

いわゆる募金詐欺であり、この青年はまさに不遇のときの〈借り〉を返すことを忘れてネットワーク社会に閉じこもったようにみえる。生活保護の不正受給のニュースで炎上する日本だったら批判的な意見が続出すると思うが、「青空カフェ」に居合わせた人びとはみな彼に同情的だった。その理由の一つには、この手口は「すぐにばれる」「どうせ続かない」と確信されていたことがある。それを説明するために、なぜ携帯やエム・ペサが導入されて、スムーズにインターネットを通じたカンパが機能したのかを検討したい。

まず明らかなことは、インターネットの人間関係は多くのタンザニア人にとって、バーチャルなものではないことである。これまで述べてきたように、都市人口の七割弱を占めるインフォーマル経済従事者は、多業種を渡り歩く「ジェネラリスト的」な生き方をしている。人びとは都市や職場を、社会関係を頼って頻繁に移動し、そこで新たな人間関係を築く。たとえば、第二章で取り上げた調査助手のブクワは、行商、ハウスボーイ、トラックの荷降ろし、肉屋への卸売り、建設会社での測量補助、バスの客引き・コンダクター、古着露店商、建築現場での日雇い・大工、サンダル装飾、軽トラックの運転手、鉄くずのディーラーと、実に多彩な仕事をした。彼はこれらの職場で仲間をつくり、食費などのために小銭を回し合ってきた。その数は、二〇〇人は下らない。

携帯が普及する前は、以前の職場や近隣の友人とは何年も連絡を取り合うことができなかった。それが携帯とエム・ペサにより、彼らとの小銭の回し合いを復活させることが可能となったのだ。このようにネット上の関係性は、すでにあったリアルな仲間関係とそこでのリアルな「小銭の回し合い」を顕現し、顔見知りの仲間を「担保」にして、その回し合いをまた新たな仲間へと拡大させるものである。
また、都市の友人どうしはニックネームで呼び合うのが普通で、彼らはインターネットだけでなく日常生活でも本名や出自に頼らずに暮らしている。たとえば「俺はJだ。Jと呼んでくれ」「オーケー、俺はトールと呼ばれている」で十分友人関係は成立する。Jはジョンなのかジュマなのか、単なる記号なのかわからないし、トールはたいていの場合、背の高い人物のニックネームだ。住民票などないし、本名や出自を知らなくてもインフォーマルな自営業を一緒にするのに何の支障もない。つまり、ネット上でのアイコンは彼らの日常において新しいものではないのだ。そこでの信頼は、その人間がどれほど多くの人間と貸し借りをしているかで測られる。それはインターネットの世界でも同じである。

「俺たちが困難なときに頼りにするのは、仲間の人間性（utu）だ。なぜなら、困ったときに『貸してくれ』と頼ることができる友とは、同じく困ったときに頼ることができる仲間がたくさんいる人だ。たくさんの仲間に助けてもらえる人間がいい友であることは、昔から変わらぬ事実だ」（客引き、男性、二九歳）

つまり、良き友人＝困ったときにカネを貸してくれる友人は、たくさんの人間にカネを借りることのできる友人なのだ。

次に、第二の解決策を応用した詐欺について検討したい。これはブクワの友人の話だ。

◆

タイヤや鉄くずなどを集め、リサイクル業者に卸している男性は、あるとき、仕入れに手間取り、資本を食いつぶしてしまった。彼は商売仲間に、本当はまだ何も手に入れていないにもかかわらず、「いい商品を見つけた。いますぐ仕入れないと二度と手に入らない。売れば必ず儲かるから、六〇万シリングを投資してくれ」と電話した。その資金で良い商品を探し出し、返済するつもりだった。しかし結局、自分自身の食い扶持と彼に支払う利益を生み出すような良い商品を見つけることはできなかった。そこで別の商売仲間に電話して同じ手口で送金依頼をし、今度こそ良い商品を見つけようと考えたが、やはり失敗してしまう。同じことを繰り返した結果、五〇〇万シリングもの負債を抱えることになってしまった。

クレジットローンで借金地獄に陥るのとメカニズムは同じであるが、ここでも彼らは同情的なコメントを寄せた。わたしは「一種の詐欺ではないか」と尋ねたが、彼らはそうとは言えないと言う。その理由は次の通りである。多くの場合、こうした携帯を使った詐欺は身近な人間に対してなされる。いっけん、身近な人間を騙すのは不道徳に思えるが、彼らの説明は違っていた。わたしは、多数の青空カフェで日本での詐欺の手口として「オレオレ詐欺」の説明をしたが、見ず知らずの老人を騙すのは非常に不道徳だと批判された。なぜなら、身近な関係でなら「以前に両者のあいだで何かがあったために（あるいは同じ穴の貉《むじな》だから）返しがつくこともある」し、そうでなくても「いつか何らかのかたちで取り『詐欺』の標的になった可能性がある」が、無関係な人とのあいだではどうすることもできないからだという。つまり、これが詐欺になるかはまだわからない。たんに返せるときが来ていないだけかもしれないというわけである。

また同じ理由で、金融機関からの借金を踏み倒すよりも、友人からの借金を踏み倒したほうが――前者には利子がつき、返済不能な場合には財産を差し押さえられるというリスクがあるだけでなく――道義的にも良いとの意見があった。その理由は、後者は〈借り〉が返済されていない状態に過ぎず、たとえ時間がかかっても返すことができるときが来れば、いずれ返すつもりがあるからにほかならない。

実際に、後者の「返済猶予時間の創出」は結局、「誰もが誰かに金を貸しており、誰もが誰かに金を借りている」、さらにそれぞれの負債がうやむやになることで等価交換の原則が崩れ、残るは〈借り〉だけとなった世界を再現することになっている。

先の言葉にあるように、彼らは「仲間が彼/彼女の仲間から借りることのできる可能性」を織り込んで、無心をする。AがBから借りた金をCから借りて返すときに、Cも金がないことが多い。そのときに、Aとの間に〈借り〉があれば、Cは何とか知り合いDを探し出し、Dから金を借りてAに貸すだろう。この場合、CはAに金を貸しているが、同時にDから金を借りている状況になる。また、Aからすると、いったい誰の金がBに支払われたのかよくわからなくなる。

「誰でもいいから助けてくれないかと、アドレスの順に沿って電話する。毎日のように金を送り合っているので、たまに誰からいくら借りて誰にいくら貸しているのか混乱する。ただ、その時々に金を持っていた誰かが食い扶持をくれたことには変わりない。自分だって金があるときにはそうしている」(キオスク店主、男性、二〇代半ば)

電子マネーを右から左へと頻繁に動かすようになれば、当然、負債の帳尻を合わせるのは困難になる。しかし、だからこそエム・ペサは、彼らのあいだに清算されない〈借り〉を残すことを可能とした。もともと彼らは〈借り〉を持つ仲間の拡大を人生の保険とみなし、〈借り〉をつくり、個人に過剰な負い目を固着させないために仲間内で現金を回していた。ここでの現金は、仲間に与える喜び、仲間への感謝、名誉や信用とともにつながりを形成するために〈借り〉を回すメディアであり、それは電子マネーでも変わりない。

＊〈借り〉を回すシステム

携帯とエム・ペサは〈借り〉を「負債」として即時的に清算しなくてはならない状況を生み出した。そのような事態への対処法は、サルトゥー＝ラジュが批判した資本主義経済が現代人に誰にも〈借り〉を負っていないと錯覚させるシステムと似ていた。しかし、これらのシステムは身近な人間どうしの相互扶助の延長で機能し、結果としては、「誰もが誰かに金を貸しており、誰もが誰かに金を借りている」世界を再現していた。すなわち、〈借り〉の負の側面を回避しながら、〈借り〉の正の側面を中心にしたシステムが、ここでは自生的・自律的に働いているのである。このシステムは「利益」を循環させるために発展させてきた金融システムや、濃密な人間関係から逃れつつ「つながり」を生み出すために発展してきたSNSを、より広い社会関係で〈借り〉を循環させるために活用したものであった。

サルトゥー＝ラジュは、金融市場やネットワーク社会を批判し、政府が補助的に介入して〈貸し〉と〈借り〉が相殺されるような制度を構築する必要性を提起した。彼女自身も政府が社会保障を充実させたり、〈借り〉のシステムをうまく機能させたりするための制度をつくると、「政府が国民に〈貸し〉をつくる」ことになる危険性を指摘しつつ、政府はあくまで社会が〈借り〉のシステムをつくりあげていくのを補足的に助けるに過ぎないから問題はないとしている（注9）。だが、本当にそうだろうか。「借りを回すしくみ」が、資本主義経済が発展してなお展開する場所とは、政府の統制を逃れたインフォーマルな領域、あるいはいまだ制度が十分に整備されていない「海賊的な領域」ではないか。

上述した〈借り〉を回すシステムは、政府の社会保障制度がまったく機能していない場所においても人びとが自然におこなっていた自前の相互支援システムに、通信システムが導入されたことで顕現したものである。だが、彼らは国家の社会保障制度がないから、自前の互助ネットワークに依存してきたわけではない。事態は逆であり、彼らは自前の優れた互助のネットワークがあったから、税金や営業許可料の支払いを無視しつづけインフォーマルであることができ、政府に社会保障の充実を過度に期待しなかったのである。

同じく都市インフォーマル経済に従事する大多数の人びとは、定職や定収入、担保となる不動産を持たないから、銀行や金融市場にアクセスしなかったわけではない。借り入れを返済できない可能性が高い人びとは、もともと銀行や金融市場に生殺与奪の権限を与えるのを好まなかった。彼らは、自分たちの「借りを回すしくみ」をそのまま応用できるシステムだったからこそエム・ペサを受け入れ、既存の社会的世界と似ていたからこそインターネット社会に参入した。国家の法や制度、送金システム、インターネットのいずれにしても、それらを受け入れ、どう使うかは人びとにゆだねられている。

そして、人びとのやり方や論理に即したツールやインフラを創るのは大抵、彼らに使わせ、利益を上げることを目指すイノベーティブな起業家である。ただし、新規のシステムが成功すると、国家システムへと組み込むべく、制度や法が整備され、やがて人びとには複雑、ときには窮屈なシステムへと変貌していく。事実、タンザニア政府は近年「タンザニア通信規制局」を立ち上げ、携帯やエム・ペサに関わる規制を強化している。SIMカードを購入する際に身分登録証を提示する義務を課したり、エム・ペサ口座のアカウントのパフォーマンスをフォローしようとしたり、コピー携帯を自動的に使えなくするシステムを導入したり……エム・ペサのグレーゾーンをなくそうと試みている。またモバイル通信会社は、既存の銀行と連携して、エム・ペサ口座を活用した小規模融資（エム・パワ）も開始した。

＊資本主義から海賊的システムへ

ロドルフ・デュランとジャン＝フィリップ・ベルニュが、ドゥルーズとガタリの議論を多用しながら指摘するように、資本主義の発展は、（1）脱テリトリー化（資本および労働が土地との結びつきを失い、商業取引という別空間に持ち込まれる）、（2）国家によるテリトリー化と商業取引の規格化（商取引の正当性を裏付けるための規格・基準や、特定の商法を事実上、排除するための規格・基準がつくられる）という二つの弁証法的な動きにより生じた。国家は「正当性」の危うい商取引（物々交換や元値割れ、信用取引）、商売（酒、奴隷、武器の売買）、競合性（独占市場、規制による売り手寡占、自由競争）を法的に認め、数世紀にわたり、資本主義の世界に抜け道をつくってきたのである。国際銀行の誕生、金券の普及、保険会社、金融市場に至るまで、資本主義と国家はさまざまなかたちで結びつき、ともに発展してきた（注10）。そうして創られた「フォーマル」なシステムから押し出された、主流派の資本主義と似て非なる領域がインフォーマルな領域であり、そのなかには Living for

Today が活きる世界、海賊的な領域が潜んでいる。
　彼らが述べるように、間断なくテリトリー化と規格化を進め、未知の世界を見つけてはコード化し、服従させ、認知し、価値を与えることこそが、資本主義という機械の機能である。これは、まさに、不安を取り除こうとする主流派社会の力学であり、Living for Today を疎外するものである。彼らは続いて、個人による所有を基盤として、自己利益の追求だけを目指す生産システムはやがて行き詰まり、そこから海賊的なシステムが立ち上がってくるとする（注11）。しかし、個人による所有や自己利益の追求は、Living for Today の視点からは問題ではなく、それらが予測・操作困難な人びとを疎外する計画主義的、設計合理主義的な思考を基盤としているとき、それらを基盤にしたルール・制度を持ち込もうとしたときに問題となる。それは人間の生き方、生存に関わるからだ。海賊システムはやがて資本主義の運動体の内部に吸収されるだろう。人びとを新たなかたちでつなげ、〈借り〉を機能させていく、現代的な贈与システムは Living for Today を活力にすることができるのであろうか。サルトゥー＝ラジュにしてもベルニュとデュランにしても、本質的に Living for Today を内包することができない、制度回収的な思考様式、世界観に立脚しているようにみえる。

（注1）ナタリー・サルトゥー＝ラジュ『借りの哲学』（高野優監訳／小林重裕訳）太田出版、二〇一四年。
（注2）ここで提示されている哲学者は、ハイデガー、ジャック・デリダ、レヴィナス、ジャン＝リュック・マリオン。
（注3）注1、二〇―二一頁。
（注4）注1、三三―五二頁。
（注5）注1、一五八―二〇一頁。
（注6）注1、七六頁。
（注7）羽渕一代、内藤直樹、岩佐光広編著『メディアのフィールドワーク』北樹出版、二〇一二年、四頁。
（注8）同右、一五七頁。
（注9）注1、七六頁。
（注10）ロドルフ・デュラン＆ジャン＝フィリップ・ベルニュ『海賊と資本主義――国家の周縁から絶えず世界を刷新してきたものたち』（永田千奈訳）ＣＣＣメディアハウス、二〇一四年、三四―三五頁。
（注11）同右、二〇〇―二〇一頁。

エピローグ
Living for Today と人類社会の新たな可能性

＊Living for Today が織りなす経済のかたち

中国とアフリカをはじめとした発展途上国間の草の根のインフォーマル交易の台頭に注目した研究者たちは、かつて偽装失業層の生存戦略として「取るに足らない」とみなしてきたインフォーマル経済が、いまや主流派経済にとって無視できない存在になり、国家を単位としたインフォーマル経済の視座では、トランスナショナルな交易のダイナミズムは捉えられないとして「下からのグローバル化」などの代替的な用語を提示し、それに積極的な意義を見出し始めた。

研究者たちは、「下からのグローバル化」は実のところわたしたちと同じ資本主義経済の論理で動いており、むしろ「より徹底的に新自由主義化」した経済システムを形成していること、しかしより人間主義的な新自由主義の論理で動いており、主流派の経済システムが生み出している問題や不公正を解決する場となっていることを主張した。その根拠の一つには、「法的な違法性 illegal」と「道義的な違法性 illicit／合法性 licit」との区別があった。彼らは、この経済圏には、法的には違法な経済行為——たとえば、コピーや偽物の製造・交易——でも、路上商売とドラッグの密売のように、社会的には認められる行為と社会的にも許されない行為があることに注目した。

そのうえで、草の根の人びとの道義性に着目することで、知的財産権や商法をはじめ、ごく一部の富裕層に利するグローバル経済のルールを「下からのグローバル化」に徹底させることを批判した。また同時に、法的には合法だが、人びとの生存の論理と矛盾する主流派経済と対比しながら、「下からのグローバル化」を特徴づけた。その特徴は、効率化のために労働者を切り捨てるのではなく無数の雇用を生み出す経済、知識や技能の独占で繁栄するのではなくその共有を推進する経済、序列的な分業体制を持つ経済ではなく水平的なネットワークで動く経済といったものである。しかし、このシステムを理想化し、道義的、倫理的で素晴らしいものであると固定したりモデル化したりしてしまうのは、このシステムを駆動する両義的な力、活気、ダイナミズムから乖離していくように感じる。

第三章で、東アフリカ諸国間交易を事例として、トランスナショナルな交易がどのような実態として動いているのかを考察した。東アフリカ諸国間交易では、人びとが日々を紡いでいく生計実践と連動した、ジェネラリスト的な商品選択と商品多様化が重視されていた。「試しにやってみて、稼げるようなら突き進み、稼げないとわかったら転戦する」という生計実践は、共同経営や組織化のインセンティブと矛盾し、不確実性の高い混沌とした市場を再生産していく。しかし、不確実性こそがチャンスであり、それに賭け続けることができる市場を、零細商人たち自身が生み出していることこそが、この経済圏の活力になっている。零細商人たちは、各人が各人の裁量で動き、誰かが運よく切り拓いた機会があれば、それに自身の運をゆだねる。彼らはこうした実践の連続こそが自分たちの経済領域を維持する方法であり、かつ、みなが生き抜いていく方法になっていると語った。人びとは組織化しないのではなく、組織化を目的としない連携に意義を感じており、生計実践、商売の意義だけではなく、みずからの生を、「剥き出しの生」を謳歌しているのである。彼らは、固定的な関係性を拒否し、自分たちの生の領域である自律的な経済領域が、大規模な企業に回収されてしまうのを、日々の実践を通じて自然に回避しているのである。Living for Today は商人としての彼らの生のスタイルである。

第四章では、香港を経由して中国に押し寄せた零細商人の一群を扱う議論を取り上げた。香港の「新自由主義」は無政府主義的なまでに徹底したものであり、国家の法や公的な文書は効力を持たず、商人本人が渡航して直接的に交渉しないと騙される。ここでの信頼は、対面交渉のなかで互いのメンタリティを読みとり、互いの文化的差異を顕在化させず、互いの体面を立てながら、騙しや裏切りをふくめた駆け引きにより、その時々の関係性をやりくりしていく実践知に対するものである。こうした対面交渉による「信頼」がすべてであるという点こそが、香港や中国に多数の零細商人を引き寄せ、同地域の経済を活性化させる要となっていた。

第五章で述べたように、Living for Today の論理は、「下からのグローバル化」の主力であるコピーや偽物の製造をめぐる山寨文化にも、コピー商品や偽物をめぐるタンザニアの消費者の購買行動にも、確認することができた。中国の山寨企業による独自の生産システムと極限戦にも、「その日その日を生きていくこと」を基盤として、「絶えず試しにやってみて、稼げるようなら突き進み、稼げないようなら撤退する」という戦術が反映されていた。タンザニアの消費者が、模造品や偽物の粗悪さや詐欺を認識しつつも、これらの商品を購入する理由には、Living for Today で生きている人びとの「計画的な消費」や「消費の先延ばし」の困難さを反映した独自の購買行動があった。すなわち、広義の海賊行為をふくむ「下からのグローバル化」は、生産者から消費者に至るまで不安定な生活や市場を飼い馴らすために発展した Living for Today の論理と実践が共鳴することで動いていたのである。「下からのグローバル化」の道義性とは、「上からのグローバル化」との対比で措定されるような普遍的で汎用性のあるものではなく、直接体験、具体的な対面交渉を通じた共感や理解、駆け引きによって形成されているのである。

＊インフォーマル経済と Living for Today

わたしは、国家の雇用統計に載らない経済行為といった狭義の意味ではなく、あるいは経済にかかわらず、うわさや海賊行為を含めたインフォーマル性（非公式性）とは何かを解くことに関心を持っている。それを解く切り口の一つが Living for Today であり、逆に言えば、Living for Today を考えるときにキーワードとなるのがインフォーマル性であろう。

インフォーマルな領域とは、第一章で取り上げた実在架空のトリックスターと同様に、主流派の労働観や人間観、フォーマルな領域を成立させている制度やルールを問い直し、それらを維持・破壊・肯定・自問させるという機能を果たすものだ。世界各地のインフォーマル経済では、自分たちの「もののやり方」や創意工夫、狡賢い知恵を説明するために、ネズミやアリ、クモやカラスといったトリックスター表象が多様に息づいている。インフォーマル経済領域そのものが、主流派経済に対し、トリックスターと似通った機能を果たしている。

トリックスター研究者のルイス・ハイドは、わたしたちがみずから再生産している文化や社会をあたかも永久不変のものとみなし、みずからの世界を形づくる作業に参与する／できることを忘れ、そうしてつくられた文化に苦しめられるとき、トリックスターは、古い境界を消し去ったり、窮屈な区分を緩めて接合部に油を塗ったり、そこに開口部をつくり「規則」が禁止を命じていた場所に交渉を開始させたりして、文化の根本的な形状を変化させる役割を持つと論じ、彼らを「関節＝業師《わざし》」と呼ぶ（注1）。

わたしたちの社会では、関節＝業師が棲む余地がますます縮小しつつある。ごみごみとした猥雑な空間は排除され、淀《よど》んだ時や突発的なピンチにおける高揚した／空白の時は、未来へと平坦にのびる均等な時間へならされていく。ちょっとした「隙間」や「合間」の時間でさえ、有効活用が叫ばれる。こうした時空間の縮小は、インフォーマルな領域を規制し、インフォーマルな領域をフォーマル化していこうとする動きと直結しており、操作・予測可能な人間の量産へとつながっていく。混沌とした空間や社会の隙間、制度やルールの抜け穴において広がり、ピンチと好機を波乗りしていくインフォーマルな領域は法的に規制されるだけでなく、社会的にも排除されつつある。しかし、主流派のグローバル経済やフォーマルな社会保障のしくみと、そこからこぼれ落ちた人びとのあいだの必要性や論理をつないできたのも、この領域だ。そこでは、これまで述べてきたように、法的な違法性と道義的な違法性／合法性の境界に限らず、法的・制度的・規範的に正しいとみなされている社会や経済のルールや、社会・文化の規制をいったん括弧に入れ、それらのルールを受け入れるのか、無視するのか、あるいは受け入れたうえで少しずらしたり、特別な融通を利かせたりするのかが、互いの「いまこのとき」を生きていく必要性、具体的な個人のその時々の生活への関心や共感に依拠して交渉されている。

前述のトランスナショナルなインフォーマル交易や第六章で論じたエム・ペサを通じた〈借り〉のシステムは、資本主義経済に対抗したり、政府が一般的ルールを導入して築かれているものではなく、資本主義経済のしくみを流用することによって自律的に発生・躍動している経済であり、もう一つの資本主義経済なのである。この海賊行為――コピーや模造品の製造から隣国や中国への渡航、ネットを通じた海賊システムなど――は、主流の社会における生存の危機への対応とともに、ある種のゲーム感覚、いたずら心、いい加減さ、冒険心などで動いている。そうした遊び心や冒険心を育み、とりあえず「試しにやってみる」ことに活気を与えているのもLiving for Todayである。遊び心や冒険心、ゲーム感覚で生み出したモノやシステムは、人びとのあいだで〈借り〉や〈利益〉、知恵や技術を回していくシステムにもなる。わたしは、このような自律的・自生的なインフォーマルな領域を押し広げていくことに、現在と未来との多様な接続のしかた、多様な生き方を許容するオルタナティブな社会や経済の可能性を感じている。

本書では、Living for Todayをめぐる実践や価値、人間関係、それらの積み重ねにより立ち現れる経済や社会のありようを明らかにすることを通じて、わたしたちの社会にとって支配的である経済合理的、計画主義に基づく未来優位、技術や知識の蓄積に基づく生産主義的・発展主義的な人間観、生き方を再考した。

今わたしの机の上には、いくつかの〆切原稿の書き損じと、参照中の文献が散乱している。

本棚にはうっすらと埃をかぶった読みたい本が積み重なり、動画配信サイトには観たい映画のリストがたまっている。先延ばしにしている旅行の計画もあるし、いつか機会があったらやりたいと考えている夢もある。しかし、好きなことに熱中したり、無為に時間を過ごしたりすると、何だか怠けているような気がして「気晴らしが大事だ」などと言い訳をしたくなる。

トム・ルッツが豊かに例示するように、わたしたちは勤労主義と怠け者主義の両極を揺れ動きながら、どちらに立ってもつねに満たされない思い、不安と不満を抱え、両者のスペクタクルのなかで特定の労働観を築いてきた。ただ現在の日本の社会状況では、現在のおこないが将来の安定やリスクに直結するものだという価値観から逃れることは困難である。子どもの頃は「将来についてきちんと考えなさい」と言われることに反発した人も、大人になるにつれて未来に備えるために、現在を消費する生き方を身体化していく。みずからの「自立性／自律性」を獲得するため、あるいは家族や社会に対する責任を果たすために。しかし、現在の延長線上に「未来」があるという認識は、特定の場所と時代において成立したものであり、資本主義経済システムに組み込まれた主流派社会から零れ落ちたり、あるいはそれによって周縁化されている世界では、Living for Today を身体化することこそが生き方の出発点にある。

しかし、人間はみなLiving for Todayである。主流派社会はLiving for Todayの世界に囲まれ、主流派社会には至るところにLiving for Todayを喚起する陥没があり、Living for Todayの輩《やから》が巣食っているのである。繰り返すが、人間はみなLiving for Todayである。いつ誰が陥没を生み出し、いつ誰が巣食う住人になるかはわからない。その不安や焦りが、主流派社会を駆動している。主流派社会はLiving for Todayを恐れている。その恐れは社会システムのためなのか、自己の実存のためなのか、それさえもわからずに恐れているのである。

わたしが長年、調査してきたタンザニア都市住民は、即応的な技能で多業種を渡り歩くジェネラリスト的な生き方をしており、また「一つの仕事で失敗しても、何かで食いつなぐ」「誰かが失敗しても、誰かの稼ぎで食いつなぐ」という生計多様化戦略を採っていた。彼らにとって事業のアイデアとは、自己が置かれた状況を目的的・継続的に改変して実現させるものというより、その時点でのみずからの資質や物質的・人的な資源に基づく働きかけと出来事・状況とが偶然に合致することで現実化するものであった。このような仕事に対する態度には、均質的な時が未来に向かって単線的な道筋を刻んでいくという近代的な時間とは異なる時間が流れていた。

不安定で不確実な生活は、人びとに筋道だった未来を企図することを難しくさせるが、代わりに好機を捉え、その時々に可能な行為には何でも挑戦する大胆さをも生み出す。不確実性が不安でしかなく、チャンスとは捉えようがない社会は病的であるかもしれない。目標や職業的アイデンティティを持たず、浮遊・漂流する人生はわたしたちには生きにくいものにみえるが、タンザニアの人びとはこうした生き方がもたらす特有の豊かさについて語る。それは、職を転々として得た経験（知）と困難な状況を生きぬいてきたという誇り、自分はどこでもどんな状況でもきっと生きぬく術を見出せるという自負であり、また偶発的な出会いを契機に、何度も日常を生き直す術であった。究極のLiving for Todayであるピダハンにも、タンザニアの人びとと同じく自信と余裕があった、生きているということだけを根拠としているような余裕と自信が。日本では「根拠のない自信」といった言葉をよく耳にする。この言葉も設計主義的合理主義に基づく効率主義、能力主義の言説である。自信や余裕を持つのにどんな根拠・基準、あるいはルールが必要なのだろうか。ピダハンの民族誌を読んでいて、ふとそんなことを思った。生きていることからのみ立ち上がってくるような自信と余裕、そして笑いが彼らにはあった。本書で論じたLiving for Todayの生き方が新しい人類文明の可能性を切り拓くことに、少しでも寄与できたなら幸いである。

（注1）ルイス・ハイド『トリックスターの系譜』（伊藤誓、磯山甚一、坂口明徳、大島由紀夫訳）法政大学出版会、二〇〇五年。

あとがき

ずいぶん前に、わたしは日本のある友人に「タンザニアの零細商人たちは、つねにチャンスに身をひらきながら、その日その日の生活をやりくりしている。好機が来たと感じたときの瞬発力、状況に合わせてとつぜん変身する、そのしなやかさがすごいのだ」という話を、熱意を込めてしていた。すると彼は、何でもないといった調子で、「ああ、俺も麻雀していると、とつぜん風が来たと思う瞬間があるんだよね。まあ、来るときは来るし、来ないときには来ないんだよな」と返答された。

タンザニアでは、「明日は明日の風が吹く」と同じような意味で、「それぞれの日は似ていない（まったく同じ日は一つもない）」という表現をよく耳にする。ただ、向かい風が吹き荒れているときに何とか耐えしのぎながら、風向きや風のにおいを嗅ぎわけ、追い風が吹き始めたときにぱっと風をつかむ、風に乗ることができるかどうかには、ちょっとしたコツや構え、Living for Todayを飼いならす知恵と関係性が必要であるように思う。その一端とLiving for Todayが切り拓くダイナミックな経済や社会について、本書が明らかにしたことが読者の方々に何か意味を持ちえたとしたら、うれしく思う。

本書は、『小説宝石』（光文社）誌上で、二〇一四年一二月から二〇一五年一一月まで連載した「Living for Todayの人類学」を加筆修正し、編集しなおしたものである。また連載過程で、論文の一部を柔らかい文章に書き換えてエッセイにしたり、エッセイの一部を加筆修正して論文にしたりしたため、本書には、以下の論文の内容が含まれている。

・小川さやか（二〇一五）「トランスナショナルなインフォーマル交易における道義的合法性をめぐって」『社会人類学年報』第四一号：四九―七〇（プロローグ、第五章の一部）
・小川さやか（二〇一五）「第七章「仕事は仕事」――東アフリカ諸国におけるインフォーマル経済のダイナミズム」中谷文美・宇田川妙子編『仕事の人類学――労働中心主義の向こうへ』世界思想社、一七七―二〇三（第二章、第三章）

・小川さやか（近刊）「〈借り〉を回すシステム――タンザニアにおける携帯による送金サービスを事例に」岸上伸啓編『贈与論再考』臨川書店（第六章）。

連載原稿を書くのは初めてであり、それを新書にまとめるのも新しい経験だった。わたし自身としてはつながった話を書いているつもりだったが、連載を見返してみると、各回の連続性がよくわからないところも多かった。またどうしても学術論文の癖が抜けず、なかなか堅苦しい表現を直すのに苦悩した。そんなこんなで連載が終わって新書にまとめる段になっても、〆切を延ばしてしまった。まずいことにLiving for Todayについて考える参考に集めた論文や本のなかには、ジョン・ペリー著の『スタンフォード教授の心が軽くなる先延ばし思考』（東洋経済新報社、二〇一二年）など、わたしにとってはたいへん魅惑的で、編集者にとっては危険な啓発書も含まれていた。

そのような状況でも本書を書き上げることができたのは、何より編集者の三野知里さんのおかげである。三野さんが京都にお越しになった折、お酒を飲みつつ、打ち合わせをするのをいつも楽しみにしていた。この場を借りて改めてお礼を申し上げたい。また、わたしのふだんの研究生活はあまりに多くの人々によって支えられており、いったい誰からお礼を申し上げたらよいかわからないのだが、タンザニアや中国で出会った人々含め、私に本書を書くアイデアと力を与えてくれたすべての出会いに、心から感謝している。

二〇一六年六月

小川さやか

小川さやか（おがわさやか）

1978年愛知県生まれ。専門は文化人類学、アフリカ研究。京都大学大学院アジア・アフリカ地域研究研究科博士課程単位取得退学。博士（地域研究）。日本学術振興会特別研究員、国立民族学博物館研究戦略センター機関研究員、同センター助教を経て、2013年より立命館大学大学院先端総合学術研究科准教授。著書『都市を生きぬくための狡知――タンザニアの零細商人マチンガの民族誌』（世界思想社）で、'11年サントリー学芸賞（社会・風俗部門）受賞。

「その日《ひ》暮《ぐ》らし」の人類学《じんるいがく》　もう一《ひと》つの資本主義経済《しほんしゅぎけいざい》

2016年7月20日初版1刷発行
2024年10月30日　9刷発行

著　者 ―― 小川さやか
発行者 ―― 三宅貴久
装　幀 ―― アラン・チャン
印刷所 ―― 萩原印刷
製本所 ―― ナショナル製本
発行所 ―― 株式会社光文社
東京都文京区音羽1-16-6（〒112-8011）
https://www.kobunsha.com/
電　話 ―― 編集部03（5395）8289　書籍販売部03（5395）8116
制作部03（5395）8125
メール ―― sinsyo@kobunsha.com

ISBN 978-4-334-03932-5